Der Mann aus Assisi

Mit 72 Farbbildern von Toni Schneiders,
einem Essay „Franziskus, der Minderbruder von Assisi"
von Walter Nigg
und Auszügen aus den Lebensbeschreibungen
von Bonaventura, Thomas von Celano
und der „Legende der drei Gefährten"

Der Mann aus Assisi

Franziskus und seine Welt

Herder Freiburg · Basel · Wien

Verlag und Fotograf danken den Frati Minori Conventuali de Sacro Convento di S. Francesco in Assisi, besonders P. Gerhard Ruf, für alle Unterstützung bei den Aufnahmen für dieses Buch

Erste Auflage Juli 1975
Zweite Auflage August 1975
Dritte Auflage September 1975
Vierte Auflage November 1975
Fünfte Auflage Dezember 1975
Sechste Auflage März 1976
Siebte Auflage April 1976
Achte Auflage Juni 1976
Neunte Auflage August 1976
Zehnte Auflage Januar 1977
Elfte Auflage November 1977
Zwölfte Auflage Februar 1979
Dreizehnte Auflage Januar 1981
Vierzehnte Auflage Januar 1982
Fünfzehnte Auflage Mai 1984

Offsetreproduktionen: H. & H. Schaufler, Frankfurt
Gesamtherstellung: Freiburger Graphische Betriebe 1984
ISBN 3-451-17179-1

Inhalt

Franziskus der Minderbruder von Assisi

Das Geheimnis des Franziskus

„Niemand soll den Namen Franziskus aussprechen, ohne große Süßigkeit zu empfinden", schrieb Bruder Ägidius, der zu den ersten Begleitern des Heiligen gehörte. Diese ungewöhnliche Richtlinie umreißt den Weg zu Franziskus. Nicht gelehrt, nicht kritisch, nicht wissenschaftlich soll man sich ihm nähern, weil alle diese Methoden ihn zum voraus verfehlen und schon gar nicht in das Geheimnis dieses Mannes eindringen. Ägidius' Warnung ist doppelt angebracht. Ist man berechtigt, der großen Literatur über Franziskus noch eine Publikation hinzuzufügen? Wäre es nicht besser, den Poverello durch Schweigen zu ehren? Diese Fragen sind nicht von der Hand zu weisen, besonders dann nicht, wenn man Ägidius' Mahnung beständig spürt: „Niemand soll den Namen Franziskus aussprechen, ohne große Süßigkeit zu empfinden." Die Forderung nach großer Süßigkeit ist nicht von außen an Franziskus herangetragen. Der Heilige selbst sprach mehrfach von der Süße, die sein Herz erfülle und überwältige. Deswegen ist es geradezu unstatthaft, über ihn in einem kalten, abwägenden Ton zu schreiben. Ohne sichtliche Wärme und Begeisterung, Freude und Glückseligkeit werden wir von Franziskus nicht unmittelbar berührt. Von großer „Süßigkeit" sprach der Begleiter des Franziskus, womit keineswegs süßlich, fade oder frömmelnd gemeint ist, Ausdrücke, die eher zu den früheren, billigen Heiligenbildchen passen. Süßigkeit ist doch nur eine Vokabel für das Unausdrückbare des Franziskus. Des Heiligen süßer Kern ist in einer harten Schale verborgen, die man aufbrechen muß, um den köstlichen innersten Gehalt zu entdecken. Es ist beinahe unvorstellbar, daß je auf Erden eine derartige, von Christus geprägte Gestalt gelebt hat. Franziskus ist mit der bloßen Vernunft unfaßbar, weil er jenseits aller Intellektualität steht. Doch spürt man deutlich die aus seinem Innern hervorströmende unsagbare Herrlichkeit.

Die Nachwelt ist über wenige mittelalterliche Gestalten so gut unterrichtet wie über Franziskus. Mehrere Berichte entwerfen ein erstaunlich lebendiges Bild des Heiligen. Schon die Männer, die mit ihm zusammen waren, schrieben über ihn. Celano gehört zu ihnen, und ferner sind uns als Augenzeugenberichte ersten Ranges der „Spiegel der Vollkommenheit" und der „Drei-Gefährten-Bericht" bekannt. Freilich sind diese Überlieferungen in legendärer Form verfaßt – dies entspricht denn auch der von Ägidius geforderten Süßigkeit. Hagiographie ist von der profanen Biographie zu unterscheiden. Sie verdient in keiner Weise die ihr heutzutage entgegengebrachte Geringschätzung.

Einen Heiligen darzustellen, „wie er wirklich war", ist eine moderne Forderung, die, näher besehen, auf eine Anpassung an die profangeschichtliche Betrachtungsweise hinausläuft, durch die die Eigenart der Hagiographie verlorengeht. Wer die legendären Züge konsequent streicht, hat den wirklichen Heiligen nicht erfaßt, sondern hat der heiligen Persönlichkeit nur den Duft, die Atmosphäre, die Süßigkeit genommen. Dies wirkt sich, wie alle Entmythologisierung, wie eine Abmagerung zum Skelett aus. Der alten Legende liegt eine geschichtliche Begebenheit, künstlerisch erzählt, zugrunde. Der Versuch einer neuen Erfassung des Franziskus hat den Heiligen realistisch und mystisch zugleich zu sehen. Ohne dieses Zugleich verblaßt seine Ikone zusehends. Die Verbindung der beiden entgegengesetzten Blickrichtungen birgt Spannung und Verlebendigung in sich. Die Polarität von hartem Realismus und legendärer Deutung macht das Wesen der neuen, unwissenschaftlichen Hagiographie aus, nach der wir leidenschaftlich suchen und die wir noch lange nicht gefunden haben. Die umbrische Erde und das Übernatürliche gehen bei Franziskus ineinander über. Ohne diese bewußte Zusammenschau geht das Gleichnishafte, das Heiligende verloren. Zur Erfassung des Poverello bedarf es eines neuen Alphabetes, eines Ergründens, das sich, wie es auch in diesem Buch versucht wird, in Bildern ausdrückt und das die zeitlose Symbolik so greifbar wie möglich schaut.

Auch die Männer der zeitgenössischen Berichte fühlten die Schwierigkeit ihrer Aufgabe und gaben ihrer Hilflosigkeit rührenden Ausdruck: „Ich behalte sonst fast Wort für Wort die Reden aller Prediger, doch was Franziskus sagt, vermag ich nicht wiederzugeben; denn wenn ich auch seine Worte behalte, so ist es doch immer, als wären es andere Worte gewesen, die ich aus seinem Munde vernehme." Was besagt dieses merkwürdige Geständnis anderes, als daß Franziskus ein Geheimnis ist, das oberhalb und unterhalb aller Worte liegt. Für den Poverello gibt es viele Bezeichnungen, und doch vermag keine ihn in eine feste Formel zu fassen. Versuchen wir, uns seiner intensiven Ausstrahlungskraft auszusetzen und uns von Franziskus und seinem Geist ergreifen zu lassen, damit ein wenig von seiner großen Süßigkeit auf uns übergehe.

Vergeudete Jugend

Franziskus war vermöglicher Herkunft. Der Sohn reicher Eltern zu sein, schließt ein schweres Schicksal in sich und ist alles andere als ein Vorzug. Im Reichtum der Eltern ist eine Gefahr für junge Menschen enthalten. Auch der junge Franziskus hatte viel Geld zur Verfügung und gab es leichtfertig und gedankenlos aus. Wie von selbst war er zum Anführer der Jugend von Assisi geworden. Die jungen Leute veranstalteten Gelage und sangen zu nächtlicher Stunde ihre grölenden Lieder auf der Straße. Wie viele junge Menschen lebte auch Franziskus in seinen frühen Jahren in den Tag hinein und sah die Probleme des Lebens wohl kaum.

Trotz der damaligen Oberflächlichkeit hatte er eine Eigenschaft, die vermerkt zu werden verdient. Seine offen zur Schau getragene Verschwendungssucht zeugt von keinem knauserigen Charakter. Franziskus war großzügig; er konnte schenken und verschenken, und nie reute ihn, was er hergegeben hatte. Als er einmal im väterlichen Tuchladen wegen augenblicklicher Beschäftigung einen Bettler barsch abfertigte, plagten ihn sogleich Gewissensbisse, weshalb er sich vornahm, „inskünftig keine Bitte mehr abzuschlagen". Die Freigebigkeit gehörte zu ihm seit seinen Jünglingsjahren, und er behielt sie während seines ganzen Lebens bei.

Nach Celanos Lebensbeschreibung erlebte Franziskus eine vergeudete und vertändelte Jugendzeit. Bis zu seinem fünfundzwanzigsten Altersjahr frönte er dem Prunk und der eitlen Ruhmsucht. Späße und allerlei Unfug verkürzten ihm die Zeit. Es war eine verlorene Jugend, ein Versanden im Leeren, wie dies leider von vielen Menschen gesagt werden muß, die ohne Leitbild und ohne Anweisung heranwachsen. Die neuzeitlichen Biographen bemühten sich, diese vergeudete Jugend als nicht so schlimm zu bezeichnen. Die Abschwächung mag gut gemeint sein, doch hat die Verharmlosung der dunklen Flecken zur Unglaubwürdigkeit der früheren Hagiographie beigetragen. Alle Schönfärberei steht im Widerspruch zur Wahrheit. In Wirklichkeit wandelte Franziskus damals auf den Straßen Babylons, erhitzte sich in Sünden und war ein Anstifter zu mutwilligen Streichen. Wenn man Celano dies nicht glauben will, dann verdient er auch in seiner weiteren Berichterstattung kein Vertrauen. Doch gilt es zu bedenken: Korrekte Durchschnittsmenschen brechen selten zum Ungewöhnlichen durch; sie bleiben in ihrer geistigen Kleinbürgerei befangen, aber aus großen Sündern sind zuweilen große Heilige geworden.

Unerwartet stellten sich Franziskus einige Ereignisse in den Weg, die er nicht leichtfertig umgehen konnte. Während des Krieges zwischen Assisi und Perugia geriet Franziskus in Gefangenschaft. Was konnte er sich gedacht haben, als er die grauen Kerkermauern anstarren mußte? Man weiß es nicht. Jedenfalls war er bei der Entlassung ein kranker Mann. Seine stolzen Ritterpläne lösten sich über Nacht in ein Nichts auf. Nur langsam genas er, was in ihm eine sichtliche Veränderung bewirkte. Das lärmige Treiben seiner Kameraden schien ihm schal und leer zu sein. Ruhelos kämpfte er gegen eine wahre Seelenqual. Wenn auch die innere Umwandlung verhüllt blieb, spürt man sie doch aus einigen Geschehnissen, und man weiß: Jetzt beginnt etwas, was nicht alle Tage geschieht. Mit Dantes Worten ausgedrückt: „Es beginnt ein neues Leben."

„Es beginnt ein neues Leben"

Die Veränderung vollzog sich langsam, nahm aber immer deutlichere Formen an, bis schließlich auch seine Umgebung spürte, daß Franziskus ein anderer geworden war. Er selbst erlebte die Umkehr in „der Verwandlung des Bitteren in Süßes", fühlte, daß ein Stärkerer über ihn kam, und verwunderte sich über sein neues Verhalten.

Endlich hatte der junge Mann sich von seiner Krankheit erholt und wanderte nun traumverloren durch die anmutige Umgebung von Assisi. Oft fragte er sich dabei sehnsüchtig: „Was gibt meinem Leben einen Inhalt?" Unerwartet begegnete ihm ein Aussätziger. Von jeher empfand Franziskus einen heftigen Ekel vor dieser Krankheit; er brachte es kaum über sich, diese Menschen auch nur anzuschauen. Auch jetzt widerte ihn der Anblick des mit Geschwüren bedeckten Schreckgespenstes an. Es verbreitete zudem einen unangenehmen Geruch, weshalb er so schnell wie möglich weglaufen wollte. Da gebot ihm ein zunächst noch nicht näher zu bestimmendes Etwas, sich Gewalt anzutun, dem Aussätzigen ein Almosen zu geben und ihn zu küssen. Wie es zu dieser unerwarteten Begrüßung gekommen war, hätte Franziskus selbst nicht zu erklären vermocht. Die Szene ist von einem einzigartigen Realismus: Franziskus bedeckt mit seinen Lippen die Hand eines Aussätzigen, ohne die geringste Angst vor Ansteckung! Dieser Anblick ist alles andere als lieblich. Gerade weil das ästhetische Gefühl verletzt wird, ist die Begegnung mit dem Aussätzigen als erster Schritt zum neuen Aufbruch zu bewerten. Statt einen natürlichen Widerwillen zu äußern, muß man sich der späteren Worte des Franziskus erinnern: „Gott hat mich so meine Buße beginnen lassen: als ich noch in der Sünde lebte, da fiel es mir sehr schwer, die Aussätzigen nur zu sehen; aber Gott selbst führte mich zu ihnen, und ich begann sie zu pflegen, und das, was mir schwerfiel, wurde leicht und machte mich froh." Es war der erste Sieg über seine Anlage, den Franziskus durchaus Gott und nicht sich selbst zuschrieb. Fortan begab sich Franziskus oft in das von den Menschen ängstlich gemiedene Siechenhaus. Die Aussätzigen spielten nun eine nicht zu übersehende Rolle in seinem Leben. Durch sie erfuhr er, daß sich in Süßes verwandelt, was vorher bitter gewesen ist. Franziskus gebrauchte diese Formulierung mehrfach, womit er sagen wollte, daß ihm am Anfang seiner christlichen Laufbahn ein wunderbares, mit Worten nicht zu erklärendes Ereignis widerfahren war.

Von nicht minderer Bedeutung war ein zweites Geschehnis für ihn. Franziskus trat einmal in das halbzerfallene Kirchlein von San Damiano ein, um dort vor dem Kruzifix zu beten. Während er im Gebet versunken war, sprach der Gekreuzigte zu ihm: „Franziskus, siehst du denn nicht, wie mein Haus zerstört wird? Geh und baue es wieder auf." Über diese Anrede erbebte Franziskus maßlos. Er war der Mensch, zu dem der Gekreuzigte mit Worten gesprochen hatte. War es Einbildung, Traum oder Vision? Nichts von alldem. Es war ein eindeutiger Befehl von Christus. Ist das so unbegreiflich, daß man die Begebenheit in die Dichtung abschieben muß? Ist es nicht viel mehr verwunderlich, daß so viele Menschen in ihrem Leben romanische Kreuze, irische Hochkreuze anschauen oder sich gar ein goldenes Kreuzlein um den Hals hängen und dabei nichts, aber auch gar nichts erleben? Kann man das Kreuz wirklich anschauen, ohne sich von ihm angesprochen zu fühlen? Bei Franziskus verhielt es sich anders; ihm hatte der gekreuzigte Gottessohn selbst mit leiser Stimme gesagt, was er zu tun habe. Schon zu jener Stunde hatte der Angerufene verstanden, daß er der Stimme nur durch sein Tun eine Antwort geben könne. Von diesem Tag an stand Franziskus in einem mystischen Verhältnis zu Christus, das durch eine augenfällige Art zum Beispiel geworden war.

Franziskus verstand zunächst das zu ihm sprechende Kreuz im wörtlichen Sinn: Er glaubte, San Damiano wiederaufbauen zu müssen. Nun trug er Steine herbei, mischte den Mörtel und baute das Kirchlein wieder auf. Dies war gewiß kein mißverständliches Tun, denn vernachlässigte Kirchen gefallen Gott nicht. Aber es war ein begrenztes Begreifen. Der Auftrag war umfassender, was der Heilige erst im Lauf der Zeit verstand. Er hatte die damals darniederliegende Kirche wiederaufzubauen und nicht bloß zu stützen. Ohne sich als Reformator aufzuspielen, war er zu einem der großen Erneuerer der Kirche geworden und hatte sie zu ihrer wahren Bestimmung zurückgeführt. Diese Wirksamkeit erweiterte seine Bedeutung, die über jene des Ordensgründers hinausragt.

Vermählung mit der Armut

Es dauerte nicht lange, bis Franziskus von seinen ehemaligen Zechgenossen wieder zu einem Fest eingeladen wurde. Er besaß noch nicht die innere Standfestigkeit, mit einem Nein zu antworten, und saß nun an der Tafel, obwohl ihm die grölenden Lieder nichts mehr bedeuteten. Mitten im blöden Treiben senkte sich eine Traurigkeit auf ihn. Er wurde zusehends stiller und verstummte zuletzt ganz. Sein verändertes Verhalten fiel auf, und einer meinte spottend: „Franziskus sinnt seiner Braut nach!" Beim schallenden Gelächter der Kameraden erhob sich Franziskus, und getrieben von einer unerklärlichen Eingebung, sagte er zu den Trinkgesellen: „Jawohl, er hat recht, ich bin im Begriffe mir eine Braut zu nehmen, ich will mich mit Frau Armut vermählen!" Die Worte waren aus seinem Munde gekommen, ohne daß er ihre Tragweite erkannte. Er aber ging unter dröhnendem Gelächter der Kameraden aus dem Saal und kehrte nie wieder zu ihnen zurück.

Franziskus' Vermählung mit der Armut ist ein dem Verstande unfaßliches Tun, doch enthüllt es das Innerste seines Anliegens. Frau Armut wurde für ihn zu einer personifizierten Gestalt, mit der er sich auf eine ganz reale, keineswegs bloß sinnbildliche Weise vermählte. Sie war für ihn Braut, Mutter und Herrin zugleich. Es war eine geradezu sinnliche Verbindung wie zwischen Mann und Frau. Wer die Armut als den einen Gedanken seines Lebens nicht wenigstens ahnend zu begreifen vermag, wird Franziskus nie nahekommen. Er umarmte die Armut wie ein holdes Wesen und drückte sie innig an sein Herz; nichts mehr sollte zwischen Gott und ihm sein. Die Armut – ein verkürzter Ausdruck für das arme Leben Christi – drückte ihn nicht so schwer wie die anderen Armen. Er war aus freiem Willen arm geworden und hatte durch sie einen inneren Reichtum ohnegleichen gewonnen. Franziskus sprach von der heiligen Armut, denn wer die Armut sieht, der sieht Christus. Während sonst der besitzgierige Mensch nur daran denkt, noch mehr Dinge sein eigen zu nennen, nie genug hat und stets neue Wünsche hegt, führte Franziskus die entgegengesetzte Bewegung aus: er befreite sich von allem Besitz, warf ihn Plunder gleich zum Fenster hinaus und wollte nichts, aber auch gar nichts, mehr haben.

Der Poverello wünschte so arm zu sein, wie man nur arm sein kann, und wachte wie ein eifersüchtiger Liebhaber darüber, daß kein anderer ihm seine geliebte Braut Armut entführe, die er als eine neue Form der Freiheit erlebte. Seine brennende Armutsliebe darf jedoch nicht romantisch verbrämt werden, bedeutete sie doch Verzicht und Entbehrung, Hunger und Kälte. Franziskus hauste oft in Höhlen und Löchern, in denen er wie ein wildes Tier Unterschlupf suchte. Für seine Umgebung war das arme Leben ein unmögliches Unternehmen, das entweder Spott oder Entsetzen auslöste. Er war genötigt, das Dasein eines Bettlers zu führen, der seinen Topf vor die Türen hinstreckte, in den man die verschiedensten Abfälle hineinwarf. Zuletzt war sein Anblick beinahe ekelerregend. Der Poverello wollte mit seiner Nachfolge das arme Leben Christi verwirklichen, von dem das Wort gilt: „Die Füchse haben Gruben, und die Vögel des Himmels haben ihre Nester, aber des Menschen Sohn hat er nicht, wo er sein Haupt hinlegen kann." Dies schloß eine unerhörte Härte in sich, vor der jeder natürliche Mensch zurückschreckt. Durchzuhalten, sich radikal von allem zu lösen, das konnte nur einem Menschen gelingen, der intensiv mit Christus verbunden war. Franziskus' Armutsgedanke läßt sich nicht aus dem mittelalterlichen Lebensgefühl ableiten. Im Gegenteil: damals stand das italienische Bürgertum unmittelbar vor seinem Aufstieg; es machten sich die ersten Anzeichen jenes rauschhaften und prunkvollen Zeitalters der Frührenaissance geltend. Franziskus beschritt den entgegengesetzten Weg, er schritt hinab in die Tiefe, bis er den Blicken der Menschen entschwand. Die Vermählung mit der Armut ist, wie das zu ihm sprechende Kruzifix, nur aus seinem mystischen Hintergrunde zu verstehen. Dieses mystische Verständnis aber spottet aller rationalen Überlegungen. Der den Armen gleich gewordene Franziskus sagte: „Wer einen Armen schmäht, beleidigt Christus, dessen edles Abzeichen jener trägt; denn er hat sich um unseretwillen arm gemacht in dieser Welt."

Will man die bedeutsame, aber gänzlich unmoderne Armut des Franziskus erläutern, geschieht es wohl am besten mit den Worten von Georg Bernanos. Die Ausführungen des französischen Dichters sind als kommentierende Zwischenbemerkungen aufzufassen, die er Franziskus in den Mund gelegt hat: „Es sieht bös aus, liebe Kinder, es sieht sehr bös aus – so hätte der Heilige gesagt –, und es wird bald noch schlimmer um euch bestellt sein.

Ich wünschte, ich könnte euch über euren Gesundheitszustand beruhigen. Aber wenn Kräutertees für euch genügen würden, dann wäre ich ruhig zu Hause geblieben, denn ich liebte meine Freunde zärtlich, ich pflegte ihnen provenzalische Lieder zur Laute zu singen. Das Heil ist für euch erreichbar. Versucht nicht, auf Umwegen hinzugelangen, es gibt nur einen Weg: die Armut. Ich werde euch auf diesem Weg nicht folgen, meine Kinder, ich werde euch vorangehn: ich werfe mich voran, habt keine Angst! Wenn ich für mich allein leiden könnte, glaubt mir, dann hätte ich euch nicht aus euern Vergnügungen aufgestört! Ach, der liebe Gott hat es mir nicht erlaubt. Ihr habt die Armut gekränkt! Was soll ich euch viel erzählen: zum Äußersten habt ihr sie getrieben! Weil sie geduldig ist, habt ihr nach und nach, hinterlistig, all eure Lasten auf ihre Schultern geladen. Da liegt sie nun, das Gesicht auf der Erde, immer noch ohne ein Wort der Klage, ihre Tränen in den Staub verströmend. Ihr sagt: Jetzt stört uns nichts mehr, jetzt können wir tanzen. Aber ihr werdet nicht tanzen, liebe Kinder, ihr werdet sterben. Wenn euch die Armut verflucht, seid ihr tot. Zieht nicht den Fluch der Armut auf diese Welt! Voran!" Diese zeitgenössische Franziskusrede über die Armut tönt wie ein Peitschenknall, entsprechend dem temperamentvollen Dichter, der den Heiligen intuitiv verstanden hat. Bernanos' fiktive Franziskusrede zeigt uns den Weg zum Poverello: einzig und allein durch eine Sehnsucht nach einer neuen Armut gelangen wir wieder in die Nähe des Heiligen und entdecken vielleicht sein wahres Antlitz.

Ein letztes Erlebnis brachte Franziskus dem endgültigen Ziel entgegen. Er nahm an einer Meßfeier teil und hörte aus dem Munde des Priesters die Aussendungsrede Jesu an seine Jünger: „Verschaffet euch nicht Gold noch Silber, noch Kupfer in eure Gürtel, keine Tasche auf den Weg, auch nicht zwei Röcke, auch nicht Schuhe noch Stab ..." Nach Beendigung des Gottesdienstes suchte Franziskus den Priester auf, bat ihn, ihm die Bibelverse nochmals vorzulesen, und klatschte dann voll unsagbarer Freude in die Hände: „Das ist es, was ich will, das suche ich, das will ich aus ganzem Herzen tun." In diesem Moment wich alle Ratlosigkeit von ihm. Er wußte von nun an ganz bestimmt, was er wollte, und es gab für ihn kein Wanken und Schwanken mehr. Die Worte aus dem Evangelium waren für ihn zum Entscheidungstext geworden. Von überströmender Freude erfüllt, verlangte seine ganze Seele nur noch danach, den Worten des Herrn nachzukommen und sie in seinem Leben neu zu verkörpern und zu verlebendigen.

Der Bruch mit dem leiblichen Vater

Eine der erregendsten Begebenheiten im Leben des Franziskus war die Szene mit dem Vater. Vermögend und geschäftstüchtig wie er war, konnte er mit den nach seiner Ansicht extravaganten Ideen seines Sohnes unmöglich einverstanden sein. Sein leiblicher Sohn war zum Gespött der Stadt geworden. In seiner Ehre verletzt, schleppte der Vater eines Tages in wildem Zorn seinen Sohn über den Platz in sein Haus und sperrte ihn in ein finsteres Gemach. Während der väterlichen Abwesenheit ließ ihn die milder veranlagte Mutter wieder frei.

Der Vater wußte sich nicht mehr zu helfen und verklagte schließlich seinen Sohn beim Bischof, worauf es zu einer erregenden Gerichtsverhandlung kam. Das in Aussicht stehende bischöfliche Urteil lockte viel neugieriges Volk auf den Platz. Auf die anklagenden Worte des aufgebrachten Vaters über den undankbaren Sohn, der schließlich alles von ihm bekommen habe, entledigte sich Franziskus blitzschnell seiner Kleider, stand nackt vor aller Öffentlichkeit da und gab das Gewand seinem Vater mit den Worten zurück: „Hört, ihr alle, und versteht es wohl: bis jetzt nannte ich Pietro Bernardone meinen Vater; aber da ich nun den Vorsatz habe, dem Herrn zu dienen, gebe ich ihm das Geld zurück, um das er sich aufgeregt hat, nebst allen Kleidern, die ich aus seinem Eigentum besitze – von nun an will ich sagen: ‚Vater unser, der du bist im Himmel.‘"

Eine solche Szene vergißt man nicht wieder. Franziskus dachte in diesem Augenblick offensichtlich nicht an das Gebot: „Ehre deinen Vater und deine Mutter, auf daß du lange lebest in dem Lande, das der Herr, dein Gott, dir geben will", ein Bibelwort, dem doch auch im Neuen Bund unveränderte Gültigkeit zukommt. Eine höhere Notwendigkeit hatte ihn veranlaßt, den Bruch mit dem Vater so einschneidend zu vollziehen, daß jedes Mißverständnis ausgeschlossen blieb. Der außerordentliche Schritt beweist, daß, nach Jesu Worten, die religiöse Umkehr den Menschen von seinen Hausgenossen trennt. Dies schneidet ins eigene Fleisch und verursacht ein unendlich wehes Gefühl; wie ein Schwert durchdringt diese Trennung die Seele. Es ist nicht angebracht, dieses Lossagen vom Vater leichtfertig zu überspielen, kann es doch unmöglich der Jugend zur Nachahmung empfohlen werden. Es spottet jeder Kindesliebe zu den Eltern. Franziskus' Bruch hat in solcher Schärfe kaum Parallelen in der Heiligengeschichte. Der Poverello selbst hat die sich ihm innerlich aufdrängende Abwendung vom Vater als überaus hart empfunden, und er hat sie nur unter einem göttlichen Druck vollzogen. Als man ihn später fragte, was das schwerste in seinem Leben gewesen sei, hat er nur leise geflüstert: „Das mit dem Vater."

Mit den Augen der Zeitgenossen betrachtet, war Franziskus seit der Loslösung vom Vater zum Gammler des dreizehnten Jahrhunderts geworden. Er kam in einem von Mörtel bespritzten Gewand einher und hatte ein verwildertes Aussehen. Die Leute schauten sich nach ihm um, glaubten, er sei wahnsinnig geworden, und die Kinder bewarfen ihn mit Straßenkot. So sah Franziskus in der zeitgenössischen Wirklichkeit aus, wenn man ihn nicht zum voraus in ein hagiographisches Modell hineinpreßt. Die Menschen haben damals oft über ihn den Kopf geschüttelt und haben mit ihm nur Schabernack getrieben. Selbst für manche Priester war er ein Ärgernis, da sie nicht wußten, was sie über ihn denken sollten. Wer kann diese Wirklichkeit aushalten? Wer sie nachvollziehen? Die Frage brennt in unserem Gewissen.

War Franziskus ein mittelalterlicher Gammler?

Franziskus' Ausbruch aus der bürgerlichen Gesellschaft seiner Zeit scheint eine Parallele zur Auflehnung der heutigen Jugend gegen die Generation der Väter zu sein. Die Gammler von heute wollen ihn für sich beanspruchen und glauben sich berechtigt zu sagen: „Sehet Franziskus, er war schon damals einer von uns! Warum seid ihr so aufgebracht über unser Auftreten?"

Ist dieser Anspruch richtig? War Franziskus wirklich ein mittelalterlicher Gammler, oder ist diese Bezeichnung respektlos? Von außen gesehen, ist der Vergleich verständlich, aber an einem Punkt freilich ist ein abgrundtiefer Unterschied zwischen Franziskus und den Gammlern nicht zu übersehen.

Ein Teil der heutigen Jugend läßt sich lange Haare wachsen und läuft in verfransten Kleidern herum. Sie protestiert damit gegen eine Gesellschaftsordnung, die fortwährend seelenlosere Formen annimmt. In ohnmächtigem Zorn bäumt sie sich gegen eine vertechnisierte Welt auf, in der sie im besten Fall nur eine bloße Nummer ist. Voller Wut möchte sie am liebsten die geldgierige Industriegesellschaft zertrümmern, aber was an ihre Stelle treten soll, davon hat sie keine blasse Ahnung. Sie ist von irgendwo aufgeschnappten, konfusen Ideen erfüllt, über die sie nie ernsthaft nachgedacht hat. Die heutige Jugend ist völlig ratlos, genauso ratlos wie ihre Eltern, die erschreckt und bekümmert auf ihre eigenen Kinder schauen. Die seelische Not der jungen Leute ist groß, denn sie alle suchen eine neue Heimat und wissen nicht, wo man das neue Zuhause findet. Darum ergeben sich viele von ihnen dem Rauschgift und gehen einem grauenhaften Schicksal entgegen, ähnlich dem in Nacht und Graus untergegangenen Kinderkreuzzug im Mittelalter.

Franziskus dagegen wußte, was er wollte, und wußte es so genau, daß ihn niemand irremachen konnte. Jedenfalls bestand für ihn nicht der geringste Zweifel mehr, seitdem das Kreuz zu ihm gesprochen und er die Aussendungsrede gehört hatte. Von diesem Zeitpunkt an schweifte Franziskus nicht mehr planlos in der Umgebung von Assisi umher; sein angebliches Gammlertum hatte einen ganz anderen Sinn bekommen. Alles hatte sich radikal verändert, denn Franziskus hatte nun eine Aufgabe zu erfüllen, der gegenüber ihm alles andere klein und nichtig erschien. Man muß ein Ziel kennen, ein klares, begründetes Ziel, muß auch um den Weg wissen, der zu diesem Ziel führt, und muß schließlich die Kraft in sich spüren, es zu erreichen, wenn man seiner Aufgabe gerecht werden soll. Mit vagen Ideen und unbestimmten Gefühlen hat noch niemand etwas ausgerichtet. Eine ernsthafte Beschäftigung mit dem Poverello könnte den jungen Menschen nachdenken helfen. Sie brauchten dann nicht mehr nach Indien zu ziehen, um einer Fata Morgana nachzujagen und dort im Elend unterzugehen. Das zeitlose Vorbild steht in größter Nähe vor ihnen, bereit, in die heutige Zeit übertragen zu werden. Freilich gehörte dazu ein großer Entschluß, denn Franziskus zu wählen ist keine leichte Sache, damals nicht und heute erst recht nicht. Stets ist damit der letzte Einsatz verbunden. Allein schon die Auseinandersetzung mit ihm ist keine bloße Unterhaltung, sondern schließt ein Abenteuer in sich, das auf Leben und Tod geht. Entspricht aber nicht dieses Wagnis dem tiefsten Verlangen der Jugend aller Zeiten?

Nachfolge Christi

Die mannigfachen Erlebnisse zusammenfassend, legte Franziskus Wert darauf, nicht von Menschen, sondern „von Gott selbst belehrt" worden zu sein, welchen Weg er im Leben zu gehen habe. „Niemand hat mich gelehrt, was ich tun müsse, aber er selbst, der allerhöchste Gott, hat mir geoffenbart, daß ich leben müsse nach der Form des heiligen Evangeliums", schrieb Franziskus in seinem Testament. Nach diesem schwerwiegenden Ausspruch hat ihm keine Persönlichkeit und keine Institution geholfen, den Weg zu finden. Weder Mittelsmänner noch Zwischenträger standen ihm in seiner Ratlosigkeit helfend zur Seite. Franziskus unterstrich seine unmittelbare Gottesanweisung mit den Worten: „Er selbst, der allerhöchste Gott, hat mir geoffenbart." Diese direkte Belehrung schien den Menschen unfaßlich zu sein, weil sie diese mit ihren eigenen armseligen Erfahrungen gar nicht zu fassen fähig waren und nicht ahnten, was da wirklich vor sich ging. Die Kraft Christi war in Franziskus durchgebrochen; an diesem Erleben entzündete sich eine Glut. Das langsam zurückweichende Bild Christi erstand von neuem in ihm.
Nach der Aussage des Poverello befahl ihm der Ewige selbst, daß er nach der Form des heiligen Evangeliums leben müsse. Tatsächlich ist Franziskus nur von einem Wort aus dem Evangelium her zu verstehen: „Folge mir nach!" Das zu Matthäus gesprochene Wort Christi ist der zentrale Befehl, dem das ganze Leben des Franziskus unterstellt ist. Versteht man das Evangelium als bedingungslose und konsequente Nachfolge, dann führt sie zuletzt in die Nähe der Identifikation. Franziskus gebrauchte das Wort von der Nachfolge Christi weder rhetorisch, noch berauschte er sich an ihm. Er nahm den Nachfolgebefehl in vollem Ernst auf, so ernst, wie wahrscheinlich vor und nach ihm kein Christ mit ihm Ernst gemacht hat. Er unterstellte alles diesem Wort Christi, es wohnte in seiner Seele, und er folgte ihm, fern von jeder Halbheit, daß es dem bürgerlichen Christen einfach den Atem verschlug.

Die Durchschnittsbürger machen sich angesichts dieser Nachfolge ihre eigenen Gedanken: „Das ist übertrieben, das ist maßlos, und das geht zu weit" – immer geht es ihnen in ihrer Behaglichkeit zu weit, namentlich dann, wenn das Feuer zu lodern anfängt, von dem Christus gesagt hat, „daß er gekommen sei, es auf Erden anzuzünden, und was wollte er lieber, es brennete schon". Franziskus' Leben ist nichts anderes als Nachfolge Christi im Vollzug. Mit ganzer Kraft und ganzer Seele setzte er sich ein, so daß das ganze Geschehen ein außerordentliches Format gewann und sich für uns Christen unbekannte Dimensionen eröffneten. Das allein schon ist ein erster Dienst, den Franziskus an der Christenheit verrichtet: Er holt sie aus ihrer lahmherzigen Beziehung heraus und stellt sie in eine kühne, ungewöhnliche, vom Unbedingten geprägte Situation hinein, indem er ohne jede Sicherung auf das Absolute hinsteuert, das vom Menschen das Letzte erheischt.

Franziskus' Nachfolge ist einmalig in der Geschichte der Christenheit. Sie läßt sich nach zwei Seiten hin entfalten, nicht im Sinne einer rabulistischen Dialektik, die den Hauptsatz durch den Nachsatz wieder aufhebt. Dies entspräche einem geistreichen Spiel. Um nur einigermaßen der Tiefe des Franziskus gerecht zu werden, müßte man gleichzeitig beide Seiten darlegen. Seine Nachfolge bewegte sich stets zwischen entgegengesetzten Polen, die in keiner Zerreißprobe auseinanderbersten. Franziskus barg diese Gegensätzlichkeit in sich, er, dem Gott ausdrücklich den Befehl gegeben hat, in der Welt ein neuer Narr zu sein.

Franziskus hat manchen gemütlichen Christen ein Unbehagen verursacht. Der harte und beinahe abstoßend wirkende Poverello muß in seiner ganzen Schärfe gesehen werden. Wer noch nie vor ihm entsetzt zurückgefahren ist, der hat wohl noch nie die wahre Wirklichkeit des Franz von Assisi bemerkt und hat sich ihr schon gar nicht gestellt. Es ist nicht wahr, daß Franziskus weich und schmiegsam war. Dies ist eine Verkennung seines Wollens. Er konnte furchtbar hart sein, nicht nur in seiner persönlichen Askese, sondern auch andern gegenüber. „Unmittelbar vor seinem Tode gestand er, er habe gegen ‚Bruder Esel', das heißt gegen seinen Leib, viel gesündigt." Er war imstande, die Brüder überaus streng zu bestrafen, wenn sie den Nachfolgebefehl nicht ausführten. Je näher man dem Heiligen kommt, um so deutlicher nimmt man sein ernstes Antlitz wahr. Etliche ästhetische Franziskusbücher vertuschen diese Unerbittlichkeit, indem sie eine zauberhafte Landschaft zeigen, in der junge Mönchlein mit Tauben spielen. Man verfälscht damit das wahre Franziskusbild und biegt es ab ins Schöngeistige, das man unverbindlich bewundern kann und das zu nichts verpflichtet. Der ästhetische Zauber ist eine trügerische Machenschaft. Franziskus selbst hätte sie bewußt abgelehnt, wenn von ihm auch ungewollt eine Wirkung auf Giotto und andere Künstler ausgegangen ist.

Dem angeblich lieblichen Franziskus gegenüber muß immer wieder auf die wahre Gestalt des Poverello hingewiesen werden, der „nackt dem nackten Christus" nachfolgte und deswegen für seine Brüder „ein anderer Christus" war. Ein zweiter Christus für die Welt zu sein ist ein hoher, nicht mehr zu überbietender Anspruch. Natürlich kann der Ausdruck „ein anderer Christus" leicht mißverstanden werden. Viele Spiritualen sind einer Schwärmerei verfallen, als sie die Gestalt des Franziskus mit Joachim von Fiores Weissagung vom Zeitalter des Heiligen Geistes in Verbindung brachten. Franziskus selbst blieb nüchtern. Doch nahm seine unerbittliche Nachfolge eine Form der Ähnlichkeit an, die bis an die Grenze der größten Möglichkeit reichte.

Franziskus ist das lebendige Christussymbol und die intensivste Christuserinnerung; auf beide wird die Christenheit nie mehr verzichten können, es sei denn, sie dorre immer mehr ab. Als die Welt eisig zu werden drohte, war die Stunde dieses Heiligen der Liebe gekommen. Ihm gebührt der Name „der Verwandler der Welt".

Die Minderbrüder

Es dauerte nicht lange, bis es zur Bildung einer Bruderschar kam. Franziskus selbst drückte es bescheidener aus: „Gott gab mir Brüder."

Der erste Mann, der sich ihm anschloß, hieß Bernardo von Quintavalle. Es war ein reicher Herr, der alle seine Häuser verkaufte, den Erlös den Armen gab und fortan sein Leben mit Franziskus teilte. Bald folgte ein zweiter und ein dritter, so daß die Schar beständig wuchs.

Die Brüder standen vor mannigfachen Fragen. Sie überlegten miteinander, ob sie unter den Menschen wohnen oder sich in die Einsamkeit begeben sollten. Franziskus wußte sich gesandt, Seelen für Gott zu gewinnen, zur geistigen Erneuerung der Christenheit. Da die Gefährten sich in Kleidung und Lebensweise von den übrigen Leuten unterschieden, erweckten sie den Anschein, „eine Art Waldmenschen zu sein". Man nannte sie auch „Büßer aus der Stadt Assisi". Franziskus selbst wollte sie „Orden der Minderen Brüder" nennen, weil sie die Kleinen sein wollten, damit sie sich nicht anmaßten, etwas Größeres zu werden. Die Bezeichnung „Minderbrüder" geht somit auf Franziskus selbst zurück, der auch einmal zu seinen Begleitern sagte: „Habet Mut, und freuet euch im Herrn, und laßt euch nicht traurig machen, weil wir scheinbar nur wenige sind! Und es soll euch meine oder eure Einfalt nicht schrecken; zu einer sehr großen Schar wird uns Gott anwachsen lassen und bis an die Grenzen der Erde uns mehren und ausbreiten." Die Leute staunten sie an, als stammten sie aus einem anderen Jahrhundert. Franziskus stellte den Brüdern ein klares Ziel vor Augen, indem er wünschte, sie sollten in der Finsternis dieser Welt „Beispiele des Lebens aufleuchten lassen". Der Poverello glaubte sich jedesmal von süßen Düften umweht, wenn er von den Großtaten der heiligen Brüder hörte, die in die Welt hinausgezogen waren. Die franziskanische Bruderschar trachtete nach einer neuen Lebensweise. Das war ihr ursprüngliches Anliegen. Nicht Organisation, nicht Theologie, nicht Lehre interessierten Franziskus; er sah seine Sendung in der Verwirklichung der Lebensweise nach dem Evangelium. Diesem Auftrag gegenüber trat alles andere zurück; die franziskanische Lebensweise allein zählte in den Augen des Poverello.

Franziskus verlangte von seinen Brüdern, das arme Leben Christi zu verkörpern. Der Gedanke der Armut schloß eine scharfe Ablehnung des Geldes in sich. Zu allen Zeiten lag im Geld eine Dämonie verborgen und war der Mammon der Gegengott, dem der Mensch nach Jesu Worten nicht gleichzeitig dienen kann. Franziskus wollte vom Gelde loskommen und versuchte, seine Macht durch eine neue Lebensweise zu brechen. „So sehr war er ein Verächter des Geldes geworden, daß er sich so wenig wie um Staub darum kümmerte." Die Ablehnung des Geldes war keine bloße Marotte, da Franziskus die entscheidende Stelle kannte, an der viele Christen zu Fall kommen. Im Geld kreuzen sich die Wege: entweder durchbricht der Christ den Geldbann, oder er wird dessen Opfer. Franziskus achtete das Geld dem Eselmist gleich; Geld und Kot waren für ihn Synonyme. Der Poverello schalt einen Bruder scharf, der Geld nur angerührt hatte, und legte ihm eine harte Buße auf.

Folgerichtig lehnte Franziskus für sich und seine Brüder auch allen Besitz ab. Er wollte weder Häuser noch Klöster besitzen; als Pilger in der Fremde wollte er mit seinen Brüdern leben und Zeugnis ablegen. Selbst der ihm wohlgesinnte Bischof von Assisi vermochte eine solche Konsequenz nicht zu verstehen. Franziskus aber antwortete: „Herr, wollten wir etwas besitzen, so müßten wir auch Waffen zu unserer Verteidigung haben. Daher kommen ja die Streitereien und Kämpfe, die so mannigfach die Liebe Gottes und der Mitmenschen hindern. Darum wollen wir nichts Zeitliches in der Welt besitzen." Diese erstaunliche Äußerung verrät eine unüberbietbare Treffsicherheit. Ein einfältiger Mensch hat hier mit der Schärfe des Geistes ein Problem durchschaut, das viele Intellektuelle in und außerhalb der Kirche nicht begreifen wollen. Franziskus hat den Zusammenhang von Geld – Besitz – Waffen – Krieg erkannt und hat daraus auch die nötige Folgerung gezogen. Die Christenheit wird nie auch nur annähernd den Krieg überwinden, solange sie nicht diese Probleme in franziskanischer Sicht neu durchdenkt.

Da aber der Mensch doch leben muß, hat Franziskus bei seiner Ablehnung des Geldes den Brüdern zu betteln geboten. Der heutige Mensch sieht im Bettel etwas Entwürdigendes; der moderne Staat strebt danach, den Bettler aus der Welt zu schaffen. Für Franziskus war der Bettel ein Akt der Demut, er war „der Bettler in Herrlichkeit". Später und namentlich in der Gegenwart stellen junge Franziskaner dem Bettel als Alternative die Arbeit gegenüber. Doch waren für Franziskus Betteln und Arbeiten kein Gegensatz. Seine Brüder haben sehr oft ihren Unterhalt auch durch ihrer Hände Arbeit verdient, indem sie den Bauern bei der Ernte halfen. Der franziskanische Mensch ist kein Müßiggänger, aber er scheut sich auch nicht, wenn er nichts besitzt, um ein Almosen zu bitten, zur Übung der eigenen Demut und um den Mitmenschen Gelegenheit zu geben, ihre Mildtätigkeit unter Beweis zu stellen.

Es ist etwas vom Erhebendsten, das Tun und Lassen der ersten Brüder zu verfolgen. Noch war keine Organisation, sondern alles unmittelbares Leben. Unfähig, über die erhaltenen Befehle zu diskutieren, stürzten sie sich geradezu auf die Ausführung, berichtet Celano in seiner Lebensbeschreibung. Man empfand den Gehorsam nicht als eine lästige Angelegenheit, die man besser durch das Mitspracherecht ersetze, sondern erlebte ihn als eine ganz hohe Tugend: „Ich weiß vom Wert des Gehorsams, daß man sich nicht ohne Gewinn einem andern unterwirft." Wortlos zu gehorchen, erfordert eine große Selbstüberwindung, die echt franziskanisch ist.

Wie sich das Leben der ersten Brüder abgespielt hat, liest man aus dem Bericht jener Männer, die mit Franziskus gelebt haben. Ein wundersamer Duft liegt über jener Stunde, da Franziskus und seine Brüder in Greccio Weihnachten feierten, eine Krippe inmitten des Waldes aufstellten, damit sie das Jesuskind gewissermaßen sehen und ein neues Bethlehem erleben durften. Dabei waren die Brüder gar nicht frei in ihrem Tun, denn beim Durchgang Kaiser Ottos IV. durch jene Gegend verbot Franziskus den Brüdern, sich den Pomp anzuschauen. Ein einziger Bruder mußte hingehen und dem Kaiser eindringlich sagen, sein Ruhm würde nur kurze Zeit dauern. Seine Weissagung ist denn auch eingetroffen.

Franziskus selbst deutete das Geheimnis der ersten Bruderschar an: „Lasset uns doch anfangen, meine Brüder, dem Herrn zu dienen, denn bisher haben wir kaum ein wenig Fortschritte gemacht." Es kommt auf das Verlangen an, stets neu anzufangen und nie auf einer erreichten Stufe selbstgefällig auszuruhen. Deswegen liegt ein so unbeschreiblicher Glanz über der ersten Zeit der franziskanischen Bewegung.

Die Brüderschar vergrößerte sich immer mehr, weshalb Franziskus ihr eine Regel gab. Dabei erwog er weder die Regel Benedikts noch jene Augustins als Vorbild, weil sie einem andern Ziel entgegenstrebten. Aller Wahrscheinlichkeit nach bestand die erste, verlorengegangene Regel aus einigen aneinandergereihten Bibelworten. Mehr bedurfte es für Franziskus nicht. Mit der Zeit waren genauere Bestimmungen notwendig, weshalb schließlich eine zweite und eine dritte Regel geschaffen wurden. Mit ihr hatte Franziskus seine liebe Not. Begreiflicherweise, denn eine wirklich christliche Lebensweise läßt sich nie restlos reglementieren.

Trotzdem kann eine Gemeinschaft nicht auf eine Regel verzichten, weil sie leicht in Gefahr käme auseinanderzufallen. Man hat schon früh gegen die Regel eingewendet, sie sei in ihrem absoluten Charakter zu streng und könne nicht von allen Brüdern erfüllt werden. Franziskus aber war nicht gewillt, Christi Worte zu ändern, und sagte einmal schroff: „Wer die Regel nicht halten will, soll den Orden verlassen." Im letzten Grunde war seine Person die Regel; nach der Form der Evangelien zu leben, sollte für alle Brüder verpflichtend sein.

Schließlich kam es zur Bildung eines zweiten Ordens, der die weiblichen Mitglieder, die Klarissinnen, zusammenfaßte. Der dritte Orden war für Menschen gedacht, die in der Welt das Ideal der franziskanischen Spiritualität verkörpern wollten. Der Gedanke des Dritten Ordens geht auf Franziskus zurück, der durchaus verstand, daß nicht alle Menschen ihre Häuslichkeit und ihren Beruf verlassen können. Er ermahnte auch seine Brüder, „sie sollten über niemand richten, auch sich kein verächtliches Urteil erlauben über die Menschen, die in Üppigkeit leben und sich mit prunkvollem Aufwand kleiden".

Es ist nicht möglich, im vorliegenden Zusammenhang die Geschichte des Ordens zu erzählen, denn dafür bedürfte es eines eigenen Buches. Nach Gemelli ist die „Geschichte des Franziskanerordens ein endloses Gedicht, zu dem jedes Jahrhundert seine Strophe hinzugedichtet" hat. Wie alle Geschichte verlief auch diese wellenförmig: Aufstiege und Niedergänge lösten sich ab, und dazwischen gab es immer wieder schmerzlich stagnierende Epochen.

Zu Lebzeiten des Franziskus war der Portugiese Antonius von Padua besonders bekannt. Der Poverello respektierte seine außergewöhnliche Gelehrsamkeit, weil er zugleich ein hinreißender Prediger war. Viele Legenden umrankten die Gestalt des Antonius von Padua und trugen dazu bei, ihn bis zum heutigen Tag zu einem der volkstümlichsten Heiligen werden zu lassen. Eine Zeitgenossin des Franziskus war auch Elisabeth von Thüringen. Sie hörte von einem der ersten Minderbrüder auf deutschem Boden von Poverellos Nachfolge und ergriff mit weiblicher Intuition dieses Ziel. Die hohe Frau stieg von ihrem Fürstensitz herunter und begab sich zu den Armen, weshalb sie als die erste Terziarin in Deutschland bezeichnet werden darf.

Bald nach Franziskus' Tod erschütterten die glühenden Spiritualen mit ihrem oft unbesonnenen Eifer die Grundlagen des Ordens. In diesen bewegten Auseinandersetzungen gelang es dem ebenso gelehrten wie demütigen Bonaventura durch sein ausgeglichenes Wesen, die gegensätzlichen Richtungen innerhalb des Ordens auszugleichen. Bonaventura zählt zu den Heiligen; ohne seine Abgeklärtheit hätte er nicht die dringend notwendige Befriedung des Ordens zustande gebracht. Er schrieb auch auf Anordnung des Generalkapitels die vom Orden offiziell anerkannte Biographie des Franziskus, die sein Bild jahrhundertelang für die Nachwelt bestimmte.

Immer wieder brachte der Franziskanerorden große Persönlichkeiten hervor, von denen nur einige Namen erwähnt seien: Alexander von Hales, Johannes Duns Skotus, Roger Bacon, Raimund Lull und Berthold von Regensburg. Die franziskanische Gemeinschaft erwies sich als eine geradezu unerschöpfliche Quelle. Im Laufe der Jahrhunderte erwarb sich der Orden zahlreiche geschichtliche Verdienste, von denen hier nur die ausgedehnte Missionstätigkeit erwähnt sei, die den Dank und die Anerkennung der Welt verdienen.

Franziskus und die Kirche

Franziskus hatte die Absicht, durch seine Brüder dem Volk die frohe Botschaft zu verkündigen, wie es Christus in der Aussendungsrede seinen Jüngern befohlen hatte. Er selbst war kein hinreißender Prediger, was man gewöhnlich unter dieser Bezeichnung versteht. Es kam vor, daß dem eher einfachen Mann die Worte fehlten und er gar nicht zu sprechen vermochte. Gewöhnlich redete er in kräftigen, faßbaren Bildern, entsprechend der Symbolsprache der Bibel, weil ihm schien, die innere Kraft sei entscheidender als alle äußeren Worte. Das Feuer der Begeisterung verführte ihn einmal, während seiner Worte die Füße wie zum Tanze zu bewegen. Stets verließ er sich auf die innere Bewegung des Heiligen Geistes, nahm nie die Manieren eines Predigers an, sondern vermittelte seine Gedanken in der Form eines Gespräches. Er zeigte bei seinem öffentlichen Auftreten männlichen Mut und Liebe zur Wahrheit und scheute sich nicht, die Laster des Volkes schonungslos beim Namen zu nennen. Obschon er seine Predigten nicht einstudierte, „wußte er Wunderbares zu sagen".

Franziskus und seine ersten Brüder waren Laien, denen nicht ohne weiteres das Amt des Predigens zustand, weshalb sie der kirchlichen Erlaubnis bedurften. Darum begab er sich mit seinen Brüdern nach Rom, um sie vom Heiligen Stuhl zu erbitten. Damals saß Innozenz III. auf dem päpstlichen Thron, einer der mächtigsten Träger der Tiara, jedenfalls ein scharfsinniger Geist von großer, juristischer Bildung und imposanter Herrschergebärde. Innozenz III. erkannte die Not der damaligen Kirche, die ihn bis in seine Träume hinein verfolgte. Im Traume sah er die zusammenstürzende Kirche und sah auch, daß sie von einem Mann gestützt wurde – freilich, Franziskus hatte den Auftrag, eine zerfallene Kirche wiederaufzubauen, was nicht dasselbe ist.

Dem gewaltigen Innozenz III. trat der bescheidene Franziskus gegenüber – es war eine atembeklemmende Stunde in der Kirchengeschichte, in der die Zeit stillzustehen schien. Der äußerlich wenig eindrucksvolle Franziskus enttäuschte zunächst Innozenz, trotzdem ließ er sich auf ein Gespräch mit ihm ein. Der herrschergewaltige Herr und der schlichte Nachfolger Christi traten zum geistlichen Zweikampf an, und es bleibt unfaßbar, wie der von der heiligen Einfalt ergriffene Franziskus den klugen Papst überspielte, überwand und schließlich „schachmatt" setzte, einzig und allein durch seine unerhörte Demut. Das war nur aus der innersten Substanz des Evangeliums möglich. Zwar stellte er ihm keine urkundliche Bestätigung aus – dies tat erst der Nachfolger Innozenz' III. –, aber er gab ihm die mündliche Erlaubnis zu predigen, eine Zusicherung, die Franziskus vorläufig genügte.

Bei einem späteren Aufenthalt in Rom traf Franziskus unerwartet Dominikus, der ebenfalls um die Genehmigung seines Ordens nachsuchte. Die denkwürdige Begegnung der Stifter der beiden Bettelorden ist von vielfältigen Legenden umwoben. Aber sie ist nicht nur legendär, sondern hat wirklich stattgefunden. Celano berichtet darüber ziemlich ausführlich in seiner zweiten Lebensbeschreibung. Was die beiden Männer miteinander geredet haben, ist in den Einzelheiten nicht bekannt; es heißt nur, daß „sie abwechselnd liebliche Gespräche über den Herrn geführt hätten". Dann habe sich der Kardinal ins Gespräch eingeschaltet, indem er den Wunsch gehabt habe, aus ihren beiden Reihen in Zukunft Bischöfe und Prälaten zu erwählen, weil er dann Männer bekomme, die durch Lehre und Beispiel den Christen voranleuchteten. Dominikus und Franziskus erschraken über diese Äußerung des Bischofs und lehnten sie ebenso bestimmt wie höflich ab, da nach des Poverellos Meinung seine Brüder immer „den letzten Platz einnehmen sollten".

Franziskus sah in Dominikus einen der bedeutendsten Männer seiner Zeit. Der Spanier war ein schweigsamer, aber planmäßig vorgehender Mensch, der die Spuren seines Daseins hinter sich verwischte, weshalb sich kein so blühender Legendenkranz um seine Persönlichkeit wand wie um den Poverello. Mehr als zehn Jahre älter als Franziskus, hatte er damals schon viele Länder durchwandert und war ebenfalls von einer brennenden Liebe erfüllt, was schon sein Ausspruch verrät: „Wie könnt ihr über toten Pergamenten brüten, während eure Brüder des Hungers sterben!" In der Ablehnung des kirchlichen Prunkes und in der Liebe zur Armut stand er Franziskus ganz nahe. Im erwähnten Gespräch mit dem Poverello sagte Dominikus: „Ich wollte, Bruder Franziskus, dein und mein Orden würden zu einem einzigen vereinigt und wir würden in der Kirche nach der gleichen Lebensweise leben." Dominikus' Vorschlag war sicher ernst gemeint, und doch vermochte Franziskus ihn nicht anzunehmen. So nahe sich ihre Zielsetzungen auch berührten, im Weg dazu waren sie verschieden, eine Beobachtung, die der Poverello intuitiv anstellte. Dominikus begehrte Priester um sich zu sammeln, die zwar arm lebten, aber durch ihr Studium befähigt würden, in ihren Predigten die Ketzer eines Besseren zu belehren, während Franziskus Laie war und seine Brüder aufforderte, durch eine treue Nachfolge Jesu Christi die gleichgültig gewordene Christenheit aufzurütteln.

Geradezu rührend war der Abschied der beiden in geistiger Kameradschaft verbundenen Männer (Abb. 32). Dominikus bat zuletzt Franziskus, ihm den Strick zu schenken, mit dem er sich umgürtete. Zunächst wollte Franziskus der Bitte nicht entsprechen, weil er darin eine ihm erwiesene Ehrfurcht sah, die ihm fremd war. Schließlich aber gab er nach. Franziskus und Dominikus legten die Hände ineinander und empfahlen sich gegenseitig aufs herzlichste. Ihre brüderliche Umarmung ist für alle Franziskaner und Dominikaner eine beständige Mahnung zur gegenseitigen Freundschaft, die durch keine ehrgeizige Rivalität getrübt werden darf.

Man stellte schon einen Gegensatz zwischen Franziskus und der Kirche fest und sagte, man habe Franziskus „umfunktioniert" und Rom habe über Assisi gesiegt. Das ist eine unhaltbare Konstruktion. Franziskus war in jeder Beziehung ein treuer Sohn der Kirche; er wollte ganz gewiß nichts anderes sein. Wohl ist es möglich, daß er sich einmal über den „Hochmut der Prälaten" unwillig äußerte und „von ihrem schlechten Beispiel, und was für eine Schmach darin für die ganze Kirche liege", sprach. Nicht durch Kritik, sondern durch heilige Demut und Ehrfurcht dachte er die Kirchenfürsten zu bekehren. Im Prinzip wollte er „mit den Geistlichen Frieden halten". „Deckt ihre Fehler zu, und ihr vielfaches Versagen sucht auszugleichen", mahnte er. Franziskus wußte sich den Klerikern zur Hilfe gesandt, indem die Brüder dort einsprangen, wo jene versagten. Er sah sich als „Helfer der Priester" und verzichtete überlegen auf jegliche Polemik gegen die Vertreter der Kirche. Dies spürten sogar die Kardinäle. Mochten sie auch der einhelligen Meinung sein, Franziskus' Unternehmen sei „etwas innerhalb der Kirche Noch-nie-Dagewesenes", so wagten sie doch nicht, seine Bestrebungen anzuzweifeln, wohl wissend, daß sie sich damit vom Evangelium losgesagt hätten.

Franziskus hat die Schäden an der mittelalterlichen Kirche durchaus gesehen, hat das Unvereinbare des klerikalen Prunkes mit dem armen Leben Christi sicher zehnmal schärfer gesehen als alle damaligen und heutigen Kirchenkritiker zusammen, trotzdem, von Protestieren und Demonstrieren wollte er nichts wissen. Solche billigen Gebärden kosten nichts und entspringen meistens einer Wichtigtuerei. Die Kirche reformiert man nur, wenn man für sie leidet. Nach Franziskus weiß ein Mensch nur so viel, als er verwirklicht hat.

Er hat für die Kirche mit ihren Auswüchsen gelitten, schweigend und schmerzlich gelitten; aus diesem Grunde kann die Christenheit ihn nicht vergessen. Sein Bild wird sie durch alle Jahrhunderte hindurch begleiten, denn er hat ihr mehr geholfen, als man in Worten ausdrücken kann. Der Heilige hat keine antikirchliche, unfruchtbare Haltung eingenommen, aber er hat mit dem stillen Geheimnis des Leidens ihre Gebrechen getragen, und das allein entspricht der evangeliumsgemäßen Lebensweise.

Bruder Immerfroh

Franziskus wurde von seinen Brüdern mit dem Namen „Bruder Immerfroh" angeredet. Trotz der radikalen Nachfolge des armen Lebens Christi hatte der Heilige gar nichts Finsteres an sich. Er tadelte die Brüder, wenn sie ihre Schwermut nach außen hin zeigten, und pflegte zu sagen: „Das ist der größte Triumph des Teufels, wenn er einem Knechte Gottes die Geistesfreude rauben kann." Traurigkeit betrachtete er als eine dem Christen sich nicht ziemende Haltung. Aus seinen Augen leuchtete ein heller Schein, der die Menschen beinahe magisch anzog.

Cimabue vermochte die innere Freude des Franziskus so künstlerisch darzustellen, daß es zu einem der schönsten Heiligenbilder aller Zeiten geworden ist (Abb. 39). Der Poverello blickt aus dieser Ikone dem Beschauer menschlich, innig und warm entgegen und erweckt in ihm ein unbegrenztes Vertrauen. In Franziskus lebte eine Freude ohnegleichen. Er war die Freude in Person und liebte zu lachen und zu scherzen, liebte seine provenzalischen Lieder zu singen und besaß den göttlichen Humor, der die Situationen des Lebens überlegen meisterte. In keiner Lebenslage war er mutlos. Nichts war ihm fremder als Pessimismus und Resignation. Die Freude, die jubilierende Freude triumphierte immer, und wenn ein Mensch auf dieser hartkrustigen Erde wirklich verstanden hat, was die Engel auf Bethlehems Fluren gesungen haben: „Siehe, wir verkündigen euch große Freude, die allem Volke wider-fahren ist", dann war es der unvergleichliche Franziskus. Die Fröhlichkeit durchdrang alle Fasern seines Wesens. Es grenzt beinahe ans Unfaßliche, welch strahlende Freude von ihm ausgegangen ist und wie er die Menschen mitgerissen hat, ob sie nun wollten oder nicht. „Was sind die Knechte Gottes anderes als seine Spielleute, die an die Herzen der Men-schen rühren und sie mit der Heiterkeit des Geistes erfüllen", sagte Franziskus wörtlich.

Es ist unmöglich, von all diesem Geschehen zu reden, ohne die Süßigkeit zu empfinden, von der Bruder Ägidius gesprochen hat. Hier ist sie doch sinnenhaft zu spüren, man fühlt sie förmlich durch die Adern rieseln, wenn man vom Poverello wirklich ergriffen wird. Die gleiche innere Beschwingtheit findet sich bei dem Baalschem, weshalb die franziskanische Bewegung und der Chassidismus so viele verwandte Züge aufweisen, obschon sie zeitlich und räumlich weit auseinanderliegen. Diese christliche Freude war bei dem in Umbrien herumwandernden Franziskus keine bloße Gemütsanlage, sie wurde ihm vielmehr von oben geschenkt, weil er sich ganz dem Evangelium geöffnet hat. Nur ein Mensch, der den Weg der Armut bis zum Ende gegangen ist, vermag eine derart beschwingte Freude zu empfinden. Alle anderen Leute müssen sich mit ein bißchen Sonnenschein begnügen und erleben nie das, was das Evangelium die Freude nennt, die allein die tiefste Sehnsucht des Menschen stillt. Wäre nicht diese Freude das Heilmittel für unsere freudelose Zeit, in der die Leute so sehnsüchtig nach dem kleinsten Fetzchen Vergnügen haschen, das doch stets nur ein schaler Ersatz ist?

Was Franziskus unter Freude verstanden hat, darüber hat er selbst eine klare Auskunft gegeben. Seine Ausführungen über die vollkommene Freude stehen in den „Fioretti". Nun werden die „Blümlein des heiligen Franz" von der historischen Forschung auf die Seite ge-stellt, weil sie erst im Laufe des vierzehnten Jahrhunderts entstanden sind. Es ist ein Vorurteil der Forschung, daß die ältesten Quellen unbedingt die zuverlässigsten und die jüngsten frag-würdig seien. Oft verschweigen die ältesten Überlieferungen aus naheliegenden Gründen sehr wichtige Dinge. Jedenfalls sind die „Fioretti" von echt franziskanischem Geist erfüllt, wenn sie auch aus einer Bearbeitung alter Berichte entstanden sind. Sie enthalten ein Kapitel über die Freude, in dem jene stumme Musik erklingt, die gewöhnlich dem menschlichen Ohr verschlossen bleibt.

Nach ihm wanderten Franziskus und Bruder Leo von Perugia nach Santa Maria degli Angeli. Während des Gehens sagte Franziskus mehrfach, worin die vollkommene Freude nicht bestehe, worauf zuletzt Bruder Leo ungeduldig und höchst verwundert bat: „Vater, ich bitte dich in Gottes Namen, so sag mir doch, worin die vollkommene Freude liegt." Der Heilige antwortete ihm: „Wenn wir, ganz durchnäßt vom Regen und von Kälte durchschauert, vom Straßenkot schmutzig und von Hunger gepeinigt, nach Santa Maria degli Angeli kommen und wenn wir dann an der Pforte läuten und der Pförtner käme und spräche: Wer seid ihr? und wenn er auf unser Wort: Wir sind zwei deiner Brüder, uns anführe und spräche: Was? Zwei Landstreicher seid ihr und streift in der Welt herum und nehmet den Armen ihr Almosen weg – und er würde uns nicht aufmachen, sondern ließe uns stehen in Schnee, Wasser, Frost und Hunger bis in die Nacht hinein –, wir aber würden all die Unbilden und Beleidigungen ruhig und ohne Murren geduldig tragen und würden in Demut und Liebe denken, der Pförtner kenne uns wirklich gut und Gott werde ihm solche Worte auf die Zunge gelegt haben: da, Bruder Leo, schreibe er, liegt die vollkommene Freude!"

Die Botschaft des Friedens

Aus der Freude ist auch seine Botschaft des Friedens hervorgegangen. Franziskus gebot den Brüdern, die Menschen mit den Worten zu begrüßen: „Der Herr schenke dir den Frieden." Das Wort „Frieden" stammt ebenfalls aus der Mitte des Evangeliums, haben doch die Engel an Weihnachten ihr „Friede auf Erden" gesungen. Der evangelische Friede ist ein Geschenk des Himmels und keine bloße Machenschaft der Menschen – darum kann ihn die Politik nicht gestalten. Auch die Pazifisten vermögen trotz aller ehrlichen Bemühung die Pax Christi nicht herbeizuführen, weil der Friede göttlichen Ursprungs ist. Franziskus hatte diesen Frieden. Seine Person verkörperte ihn, weshalb es ihm gelang, streitende Städte Italiens durch seine bloße Anwesenheit zu versöhnen. Er verbreitete eine Atmosphäre des Friedens, denn alles, was er tat und sagte, atmete diesen Frieden. Es war nicht nur ein postulierter oder gewünschter Frieden, er war gegenwärtig und hatte sozusagen greifbare, leibhaftige Gestalt angenommen, weswegen er den Frieden buchstäblich ausströmte, ein geradezu mystisches Geschehen, das rational nicht erklärbar ist.
Das eindrücklichste Beispiel des Friedens gab Franziskus anläßlich seiner Reise ins Heilige Land, die er unternahm, um das Martyrium zu bestehen. Jenes Jahrhundert war alles andere als friedfertig; die Waffen spielten eine große Rolle, und man griff nach ihnen bei jeder Gelegenheit. Die Kreuzzüge bewegten und erregten die Gemüter, und auch Franziskus lehnte diesen Gedanken nicht ab – wenigstens ist das nicht überliefert –, aber er verstand

die Kreuzzüge mehr als einen geistigen Auftrag. Er zog ebenfalls nach Palästina, zwar nicht wie die übrigen Kreuzfahrer mit dem Schwert in der Hand, sondern als ein völlig wehrloser Mensch, und bot damit ein unvergleichliches Beispiel. Mutig tadelte er sogar die christlichen Kreuzfahrer wegen ihres ausgelassenen Treibens und sagte ihnen auch ihre Niederlage voraus. Der Poverello schritt mitten durch das feindliche Heer hindurch, und obwohl die Soldaten ihn verhöhnten, meldeten sie doch sein Begehren dem Sultan. Franziskus' Wunsch erfüllte sich: man führte ihn vor den Sultan, und er sprach mit der ihm eigentümlichen Begeisterung vom Evangelium. Der Sultan hörte ihn an und war von seiner Rede beeindruckt. Offensichtlich hat er gespürt, daß in Franziskus ein anderer Geist mächtig war, ein Geist, der sich von dem der Kreuzfahrer unterschied. Wenn auch Franziskus nicht die kriegerische Situation zu wenden oder gar zu beseitigen vermochte, so hat er doch ein mächtiges Zeichen des Friedens gesetzt. Er war hierzu fähig, weil die Kraft Christi in ihm lebte, eine Wahrnehmung, die sich dem Geheimnis seiner Person nähert.

Der Sonnengesang

Schließlich ist noch auf Franziskus' Verhältnis zur Kreatur hinzuweisen. Der beschwingte Mann betrachtete die Schöpfung mit geöffneten Augen und nahm alles, was da kreucht und fleucht, was fühlt, und selbst noch fühllose Wesen in sein Herz auf. Franziskus predigte den Vögeln, als wären sie vernünftige Wesen. Nach der Legende hörten sie ihm aufmerksam zu, und er machte das Zeichen des Kreuzes über sie. Wenn die Legende hier ausschmückend wirksam gewesen sein soll, geschah es doch im Sinne des Franziskus. Liebkosend gab er der Kreatur den Brudernamen, was allein schon überaus aufschlußreich ist. Wie liebte er die Lämmer, die ihm ein Sinnbild des Lammes Gottes waren, das der Welt Sünde trägt! In welch inniger Beziehung stand er zu den Lerchen, die jubelnd ins Blaue aufstiegen! Mit einer Zartheit ohnegleichen hob er vom Wege die Würmlein auf und brachte sie in Sicherheit, damit kein Wanderer sie zertrete. Zwar gab es auch Ausnahmen. Franziskus hatte die Ameisen nicht gerne, weil sie zuviel arbeiteten. Ihre unablässige Tätigkeit – ein Abbild der heutigen Hetze – kam ihm als Habsucht vor. Grundsätzlich nahm bei Franziskus das Tier am heiligen Mysterium teil, weil die Kreatur auch durch das Opfer auf Golgatha losgekauft wurde. Er wünschte sich vom Kaiser eine besondere Verordnung, daß die Leute am Weihnachtsfest Korn und anderes Vogelfutter vor die Häuser streuen sollten, damit auch die Vögel etwas vom Festtage zu spüren bekämen.

Von jeher ist den Menschen Franziskus' Beziehung zur Natur aufgefallen, aber sie haben sie selten richtig verstanden. Mit Naturschwärmerei hat sie gar nichts zu tun, weil diese gegenüber den schweren Rätseln blind ist, die uns die Natur mit ihren Gegensätzen aufgibt. Vielmehr war das Herz des Heiligen weich vor Mitleid mit der Kreatur. Er erriet die Geheimnisse der Schöpfung, und er dachte an die Heiligung aller Geschöpfe. „Auf eine wundersame, andern verschlossene Weise fand er den Zugang in das Geheimnis der Dinge", schrieb ein Augenzeuge.

Franziskus sah die wahre Wirklichkeit der Schöpfung, die wir Menschen freilich nur in Gleichnissen zu erfassen fähig sind. Die Gottabbildlichkeit der Dinge spürte man aus all seinen Worten. Eine Wiederkehr des Paradieses, da alle Tiere zu Adam kamen und er einem jeden einen Namen gab, liegt in Franziskus' Verhalten zur stummen Kreatur. Er war nicht darauf bedacht, sie sich untertan zu machen und über sie zu herrschen, eine Haltung, die der Mensch frevelhaft mißbraucht und die dem Tier grauenhaftes Leid gebracht hat. Er verbrüderte sich mit der Tierwelt auf eine einzigartige Weise, die nur aus der Einfalt des Neuen Testamentes heraus zu verstehen ist, und selbst dann begreift man dieses Bruderverhältnis höchstens mit dem Herzen. Leider haben die Christen diese Linie gar nicht aufgenommen, vielleicht auch nicht aufnehmen können, weil dies eine Sache der Gnade und nicht des Willens ist. Uns mutet die allen Lebewesen entgegengebrachte Zärtlichkeit wie der Anbruch eines neuen Tages in der Geschichte an.

Franziskus' „Sonnengesang" spiegelt wohl am prägnantesten das Bild seines Verhältnisses zur Kreatur wider:

> „Du höchster, mächtigster, guter Herr,
> Dir sind die Lieder des Lobes, Ruhm und Ehre
> und jeglicher Dank geweiht;
> Dir nur gebühren sie, Höchster,
> und keiner der Menschen ist würdig,
> Dich nur zu nennen.
>
> Gelobt seist Du, Herr,
> mit allen Wesen, die Du geschaffen,
> der edlen Herrin vor allem, Schwester Sonne,
> die uns den Tag herführt und Licht
> mit ihren Strahlen, die Schöne, spendet;
> gar prächtig in mächtigem Glanze:
> Dein Gleichnis ist sie, Erhabener.
>
> Gelobt seist Du, Herr,
> Durch Bruder Mond und die Sterne.
> Durch Dich sie funkeln am Himmelsbogen
> und leuchten köstlich und schön.

Gelobt seist Du, Herr,
durch Bruder Wind
und Luft und Wolke und Wetter,
die sanft oder streng, nach Deinem Willen,
die Wesen leiten, die durch Dich sind.

Gelobt seist Du, Herr,
durch Schwester Quelle:
Wie ist sie nütze in ihrer Demut,
wie köstlich und keusch!

Gelobt seist Du, Herr,
durch Bruder Feuer,
durch den Du zur Nacht uns leuchtest.
Schön und freundlich ist er am wohligen Herde,
mächtig als lodernder Brand.

Gelobt seist Du, Herr,
durch unsere Schwester, die Mutter Erde,
die gütig und stark uns trägt
und mancherlei Frucht uns bietet
mit farbigen Blumen und Matten.

Gelobt seist Du, Herr, durch die,
so vergeben um Deiner Liebe willen
und Pein und Trübsal geduldig tragen.
Selig, die's überwinden im Frieden:
Du, Höchster, wirst sie belohnen.

Gelobt seist Du, Herr,
durch unsern Bruder, den leiblichen Tod;
ihm kann kein lebender Mensch entrinnen.
Wehe denen, die sterben in schweren Sünden!
Selig, die er in Deinem heiligsten Willen findet!
Denn sie versehrt nicht der zweite Tod.

Lobet und preiset den Herrn!
Danket und dient Ihm
in großer Demut!"

Der Heilige selbst hat dieses Lob gar oft gesungen. Es ist ein überaus herrlicher Gesang und ist doch wiederum nur ein klägliches Gestammel im Vergleich zu dem, was in ihm gelebt hat. Liest man den Sonnengesang mehrmals vor sich hin, so empfindet man, wie poesievoll Franziskus in das himmlische Wohlwollen eingetaucht ist. Form und Inhalt sind eins geworden. Sein beschwingtes Wesen mußte sich in dichterischen Worten aussingen. Ihm bedeutete Dichtung himmlische Botschaft, die er singend empfing. Er nannte sich selbst einen Spielmann Gottes; seine Fröhlichkeit hängt denn auch damit zusammen. Keineswegs ist Franziskus der einzige Sänger Gottes in der franziskanischen Bruderschaft gewesen. Er hat auch hierin Nachfolger gefunden, es sei nur an Jacopone da Todis herrliche Lauden erinnert, in die man sich nicht ohne innere Freude vertiefen kann.

Der Sonnengesang ist das große und reinste Lied des Lobes, das nachzusingen uns lehrt, den Herrn zu rühmen. Er ist eine einzige Lobpreisung Gottes und darf niemals im pantheistischen Sinne aufgefaßt werden, da Franziskus die Natur stets als eine Schöpfung Gottes bewertete. Der Poverello hat die Aufforderung des Psalmisten, „den Herrn zu loben", aufgenommen und hat ihn aus ganzer Seele gelobt. Gleich im ersten Vers hat er es ausgesprochen, daß der Preis, der Ruhm und die Ehre Gott allein zukomme, dessen Name kein Mensch würdig ist auf die Lippen zu nehmen. Franziskus hat die Geschöpfe Gottes gesehen, ihr kreatürliches Sein empfunden und hat vornehmlich die Sonne verherrlicht. Er selbst strahlte Licht und Wärme aus, sprach von der Schwester Sonne und wußte, daß sie ein Sinnbild des Allerhöchsten ist. Dann dachte er an alle Geschöpfe, die er stets mit dem Brudernamen ansprach, empfand Wind, Wetter und Luft, Wasser und Feuer, die ganze Erde als Allmutter, samt den Früchten, Blumen und Kräutern, und vergaß auch die Menschen nicht, die um der Liebe willen Verzeihung üben und in Frieden verharren. Schließlich erhielt auch der Tod, der gefürchtete Knochenmann, noch den Brudernamen, und das letzte Wort war wieder Lob, Preis und Dank „in großer Demut". Unerschöpflich viel steckt im Sonnengesang; er ist mit Worten nicht auszuloten, und vor allem soll man ihn nicht theologisch interpretieren. Er ist mehr als alle Theologie zusammen, er ist Glaube, er ist Mystik, er ist Gottverbundenheit.

Franziskus und Klara

Ob der einzigartigen Süßigkeit des Franziskus, die in seiner Freude, seiner Friedensliebe und in seiner Naturbeziehung zu schmecken ist, darf nicht die furchtgebietende Strenge der unbedingten Nachfolge Christi vergessen werden, aus der sie sogar stammt. Verschiedene Gegensätze waren in Franziskus vereint. Es gäbe ein verzerrtes Bild, würde man die eine

Seite auf Kosten der anderen hervorheben. Die überaus süße Melodie seines Geistes, von der auch Bruder Leo schrieb, vermochte Widersprüche zu vereinen und seinem Wesen die ungeheure, nicht leicht nachzuvollziehende Spannung zu verleihen.

Was Franziskus' Beziehung zu den Frauen betrifft – hebt Celano in seiner zweiten Lebensbeschreibung hervor –, habe er vor jeder Vertraulichkeit mit Frauen gewarnt, er, der selbst nur die Gesichtszüge zweier Frauen zu behalten vermochte. Wahrscheinlich hat sich Franziskus gelegentlich in diesem Sinne geäußert und damit der mittelalterlich-mönchischen Auffassung seinen Tribut gezollt. Wer diesbezüglich Franziskus' Worte allzusehr preßt, erhält das Bild einer verkrampften Gestalt, was gerade nicht zutrifft. Seinem innersten Wesen nach nahm der Minderbruder von Assisi eine viel intuitivere, beglückendere Einstellung zu den Frauen ein; man denke nur an seine zartempfundene Übereinstimmung mit der heiligen Klara. Das junge, adelige Mädchen war entschlossen, Franziskus zu folgen, nur war es unmöglich, mit ihm und seinen Brüdern des Weges zu ziehen. Nach der heimlichen Flucht Klaras aus dem Elternhaus traf sie sich mit Franziskus, der ihr zum Zeichen der Einkleidung die Haare schnitt. Dann brachte er sie zunächst in ein Benediktinerkloster und schließlich fand er für sie in San Damiano eine geeignete Stätte, wo sie das arme Leben Christi leben konnte. Klara war eine ganz ungewöhnliche Frau. Mit weiblicher Intuition verstand sie den Armutsgedanken bis in die letzte Tiefe. und blieb ihm unbeirrbar treu. Auch als die Brüder zurückwichen, blieb sie fest und ließ sich durch nichts davon abbringen. „Heiliger Vater, ich wünsche keineswegs, und dies ein für allemal, von der Nachfolge Christi dispensiert zu werden", lautete die großartige Antwort dieser zweiten Heiligen aus Assisi an den Papst. Es ist eine Antwort voller Konsequenz und Eindeutigkeit, die ihr alle Ordensleute nachsprechen sollten.

Zwischen Franziskus und Klara bestand eine ungemein zarte Beziehung. Bei seinen seltenen Besuchen bewirtete sie Franziskus mit weiblicher Aufmerksamkeit; die bei den kargen Mahlzeiten auf dem Tisch stehenden Blumen sind dafür nur ein kleines Zeichen. Die „Strahlende" – dies bedeutet der Name Klara – überlebte Franziskus um viele Jahre, doch stets kannte sie nur das eine Ziel: zu leben wie Franziskus gelebt hatte. Es gibt mehr als eine wunderschöne Volkslegende über die mystische Verbundenheit zwischen Franziskus und Klara, die das Wesen dieser Beziehung genau trifft.

Es konnte nicht ausbleiben, daß man über das Verhältnis zwischen Franziskus und Klara zu tuscheln begann, jedenfalls hörte Franziskus mehr als eine unziemende Anspielung. Da sagte Franziskus zu Klara: „Schwester, hast du verstanden, was die Leute von uns gesagt haben?"

Klara gab keine Antwort. Ihr Herz krampfte sich zusammen, und sie spürte, wenn sie etwas sagen würde, stürzten ihr die Tränen hervor.

„Es ist Zeit, uns zu trennen", sagte schließlich Franziskus. „Du wirst noch vor dem Einbrechen der Nacht im Kloster sein. Ich werde allein gehen und von weitem folgen, wie Gott mich führt."

Da warf sich Klara mitten auf dem Weg in die Knie, faßte sich nach einer Weile, stand auf und ging gesenkten Hauptes weiter, ohne rückwärts zu schauen. Der Weg führte durch einen Wald. Auf einmal hatte sie nicht mehr die Kraft, so ohne Trost und Abschiedswort von ihm zu gehen. Sie wartete. „Vater", sagte sie, „wann werden wir uns wiedersehen?" „Wenn der Sommer wiederkommt, wenn die Rosen blühen", antwortete er. Da geschah etwas Wunderbares. Plötzlich schien es ihm, als blühten ringsum auf den Dolden der Wacholdersträucher und auf den von Reif bedeckten Hecken eine Menge Rosen. Nach dem ersten Staunen eilte Klara hin, pflückte einen Strauß und legte ihn Franziskus in die Hände. Von diesem Tage an waren Franziskus und Klara nie mehr getrennt.

Dies ist die Sprache der Legende, die über eine Schönheit verfügt, wie sie die Sprache der Geschichte nie erreicht. Darum können wir auf die Sprache der Legende nicht verzichten, mögen noch so viele Einwände gegen sie vorgebracht werden. „Nie mehr getrennt waren fortan Franziskus und Klara", sagt die Legende, und was heißt das anderes, als daß sie im Geiste durch das arme Leben Christi so stark miteinander verbunden waren, daß weder Zeit noch Raum zwischen ihnen stand.

Ein zweiter legendärer Bericht erfaßt die Beziehung der beiden Menschen von innen her und kleidet sie in Worte, die wie Edelsteine glänzen.

Franziskus war einst in großer Sorge, wie es Klara wohl ergehe, da auch sie wegen ihrer Liebe zur Armut viel ertragen mußte. Bekümmert und müde zog er weiter, bis ihm die Füße beinahe in die Erde versanken. „Er schleppte sich zu einem Brunnen, an dem das frische Wasser sprudelte und im Trog eine klare Fläche bildete, auf die der Strahl vom Brunnenrohr niederfiel. Lange stand der Mann Gottes über den Brunnen geneigt. Dann hob er auf einmal den Kopf und sagte freudig zu Bruder Leo:

,Bruder Leo, Lämmlein Gottes, was glaubst du, habe ich im Brunnenwasser gesehen?'

,Den Mond, Vater, der sich darin spiegelt', erwiderte der Bruder.

,Nein, Bruder Leo; nicht unsern Bruder Mond habe ich im Brunnenwasser gesehen, sondern durch die anbetungswürdige Gnade des Herrn sah ich darin das wirkliche Antlitz unserer Schwester Klara, und es war so rein und strahlend von heiliger Freude, daß mir alle meine Zweifel auf einmal verflogen sind, und ich habe die Gewißheit erhalten, daß unsere Schwester in dieser Stunde jene tiefe Freude genießt, die Gott seinen Lieblingen gewährt, indem er sie mit den Schätzen der Armut überhäuft.'"

Die seelische Gebetsfreundschaft zwischen Franziskus und Klara spürte über alle räumliche Entfernungen hinweg, wie es um den inneren Zustand des andern bestellt war.

Man hat schon vom sublimen Eros zwischen Franziskus und Klara gesprochen, „der frei von allem animalischen Trieb, aber nicht frei von einer echten Mann-Frau-Begegnung war".

Diese Formulierung dürfte kaum zutreffen. Franziskus liebte Klara gerade nicht als Frau, sondern als jenes Wesen, das das arme Leben Christi am reinsten verkörperte. Die Liebe, welche die beiden Menschen verband, war von einer Reinheit, einer Geistigkeit und einer Christlichkeit, die sich allen Formulierungen entzieht.

Die „Fioretti" berichten über dieses gemeinsame Erleben: „Während sie, mit Augen und Händen gen Himmel erhoben, in Verzückung dasaßen, war es den Leuten von Assisi und Bettona und längs des ganzen Weges, als stehe die Kirche von Santa Maria degli Angeli mitsamt der Wohnung der Brüder und dem Walde, der damals noch die Niederlassung umschloß, in hellen Flammen – alles schien in ein mächtiges Feuer gehüllt. Da rannten die Leute von Assisi in Eile herbei, um Hilfe zu bringen; denn sie glaubten wahrhaftig, es gehe alles in Flammen auf. Wie sie jedoch an Ort und Stelle kamen, fanden sie alles unversehrt und ohne Harm. Und als sie eintraten, fanden sie den seligen Franz mit Sankt Klara und allen Brüdern in Gott verzückt, sitzend am Tisch der Demut und von der ‚Kraft aus der Höhe' ergriffen." Erst wenn man diese Flammen ein wenig gesehen hat, gerät man in die Nähe des Begreifens von Franziskus und Klara. Vorher bleibt alles beim unziemenden Getuschel der Leute, von der die Legende erzählt, und erst nachher ahnt man etwas von den so anders gearteten seelischen Möglichkeiten der Heiligen.

Kampf um den Orden

Obgleich von Franziskus ein undefinierbares Fluidum ausging, blieb auch ihm die Tragödie des Lebens nicht erspart, was im ersten Moment bei diesem Mann der Süßigkeit überraschend klingt. Elias von Cortona, ein schwer durchschaubarer Mann, verstand es, sich bei Franziskus einzuschmeicheln und ihm zugleich die Bruderschaft sachte, aber unentwegt aus den Händen zu winden. Der ehrgeizige Mann riß die Leitung des Ordens an sich, gab ihm eine andere Richtung, indem er Neuerungen einführte, die innerhalb des Ordens etliche Verwirrungen verursachten. Man lehnte sich gegen Franziskus auf: „Wir wollen dich nicht mehr als Herrn über uns! Du bist kein Redner, bist gar unscheinbar von Gestalt und Auftreten und einfältig in deiner Denkungsweise!" Der Poverello trat dem Willen der Brüder nur ungern entgegen und wollte alle Schwierigkeiten mit Demut und ohne Anrufung kirchlicher Machtinstanzen besiegen.

Franziskus legte schweren Herzens die Ordensleitung nieder. Ein Stöhnen entrang sich seiner Brust und ergreifend klagte er: „Wehe den Brüdern, die meine Widersacher sind... Wer sind die, die mir meinen Orden und meine Brüder aus den Händen gerissen haben?" Einen offenen Widerstand gab es für Franziskus nicht. Er ließ es nicht auf einen erbitterten

Kampf mit Elias ankommen, sondern er beugte sich demütig, und mit unsäglichem Weh im Herzen entsagte er seinem liebsten Werk. Elias griff nach den Zügeln, machte aus den demütigen Minderbrüdern einen weltfähigen Orden, der später auch die Lehrstühle der Universitäten besetzte, und verstrickte sich dermaßen in Hochmut, daß er zuletzt als exkommunizierter Christ außerhalb der Kirche starb. Franziskus dagegen zog sich zurück, besann sich auf seine Anfänge, pflegte nun wieder still und bescheiden die Aussätzigen und wurde darob vom Himmel überreichlich belohnt.

Man darf den Gegensatz zwischen Franziskus und Elias nicht nach einem zu vereinfachten Schema sehen. Es handelte sich nicht um eine Frage der Rivalität, denn hinter Elias standen auch viele Brüder, die zum Studium drängten. Franziskus lehnte das Studium der Wissenschaften an sich nicht ab; er empfand Respekt vor gelehrten Menschen und pflegte jedes beschriebene Blatt sorgfältig auf die Seite zu legen. Seine Minderbrüder aber sollten nicht zu den Gelehrten gehören, weil nach ihm das Wissen gerne aufbläht. Gegenüber einer franziskanischen Theologie ist deshalb ein Fragezeichen anzubringen. Franziskus' Verfluchung des Provinzialministers in Bologna spricht eine nicht zu überhörende Sprache. Der Heilige fürchtete den Ehrgeiz der Wissenschaftler und meinte, in den Zeiten der Heimsuchung würden sich die gelehrten Brüder kaum bewähren. „Viele sind geneigt, vermeintlich wegen des größeren Nutzens für die Mitmenschen, ihre wahre Berufung, nämlich die reine religiöse Einfalt, Gebet und Innerlichkeit mitsamt der Armut, unserer Herrin, zurückzustellen. Dabei meinen sie noch, sie kämen durch Schriftverständnis zur Vertiefung der Frömmigkeit und Gottesliebe; in Wirklichkeit werden sie auf solche Weise nur innerlich kalt und leer." Franziskus' Einfalt ist nicht der Primitivität gleichzusetzen, vielmehr besitzt sie die Tiefe des Evangeliums, die von keiner Gelehrsamkeit erreicht wird.

Das Problem wurde durch die Kurie erschwert, weil auch sie sich hinter die Bestrebung des Elias von Cortona stellte. Der Geist hielt nicht Schritt mit dem raschen Wachstum des Ordens, modern ausgedrückt: die Vermassung schaffte neue Probleme, die die Kurie vielleicht schärfer sah als Franziskus. „Wir müssen doch auch an jene denken, die nach euch kommen werden", sagte der Papst, eine realistische Auffassung, der man eine gewisse Berechtigung nicht absprechen darf. Der charismatische Poverello stellte dagegen ganz auf die Führung durch den Geist ab und wußte genau, wieviel ein Mensch auszuhalten imstande ist. Trotzdem rief er einmal angstvoll aus: „Mein Gott, was wird nach meinem Tode aus der armen Familie werden, die Deine Güte mir Sünder anvertraut hat?" Voll düsterer Ahnungen wanderte er umher, bis ihm ein Engel die Zusicherung gab: „Ich sage dir im Namen Gottes, dein Orden wird niemals aufhören bis zum Jüngsten Tag." Befürchtung und Engelsbotschaft haben sich bis zum heutigen Tag bewahrheitet und gereichen manchen Minderbrüdern in der gegenwärtigen Zeit zum Trost.

Betrachtet man den Konflikt, so darf man nicht sagen, das Licht sei bei Franziskus und die Finsternis bei Elias gewesen. Dieses vereinfachte Schema würde der komplizierten Sache nicht gerecht. Vielmehr haben beide Seiten recht, Franziskus mit seinem Berge versetzenden Glauben und auch die mit Elias verbündete Kurie, die auf die Schwachen Rücksicht nahm. Man mag sich fragen, wer von beiden das größere Recht beanspruchen darf. Die schwer zu verstehende Tragik der Auseinandersetzung liegt darin, daß Franziskus und Elias eine gewisse Wahrheit gesehen haben. Doch dies war ein christliches Drama, das sich von der griechischen Tragödie unterscheidet, bei der der Mensch zuletzt verstummt in seiner Qual, während sich, trotz aller Schwere, über Franziskus stets der Himmel wölbte.

Die Angleichung an Christus

Nachdem sich Franziskus von der Leitung des Ordens zurückgezogen hatte, suchte er mehr und mehr die Einsamkeit auf. Er liebte die zerklüfteten Felsen am Monte Alverno, wo er denn auch mit einem Gesicht begnadet wurde, über das man fast nicht zu sprechen wagt. Franziskus sah einen Seraph mit sechs Flügeln über sich schweben, der mit ausgebreiteten Händen und geschlossenen Füßen ans Kreuz geheftet war. Der Heilige war ob dieser Erscheinung von tiefem Staunen ergriffen, vermochte sie aber nicht zu deuten. „Auf einmal begannen an seinen Händen und Füßen die Spuren von Wunden sichtbar zu werden, wie er sie kurz zuvor über sich an dem gekreuzigten Manne gesehen hatte." Der Poverello hatte, wie kein Christ vor ihm, die Wundmale des Herrn empfangen, eine Gnadengabe, die sich jeder Diskussion entzieht.

Franziskus sprach wenig und nur „vorsichtig wie in Rätseln" über die unfaßlichen Stigmata und meinte: „Selig, der die Geheimnisse seines Herrn und Gottes bei sich zu bewahren weiß." An der Wirklichkeit der Stigmata ist nicht zu zweifeln, weil sie gut bezeugt sind. Die „Fioretti" führen aus: „Weshalb dem heiligen Franziskus die Wundmale eingeprägt wurden, ist noch nicht völlig kundgeworden." Wenn selbst die Verfasser der „Fioretti" ratlos blieben, wieviel mehr müßte der heutige Mensch seine Inkompetenz in dieser Frage eingestehen. Man ahnt behutsam und vorsichtig ein Bekenntnis Christi zu dem Heiligen. Franziskus' Angleichung an den Herrn kam auch äußerlich zum Ausdruck: seine mystische Versenkung in Christus erreichte einen dermaßen intensiven Grad, daß sie ins Leibliche überging. Die Stigmata sind ein Zeichen, das wir, wie das „Zeichen des Jonas", von dem Christus sprach, stehenlassen sollten.

Nach diesem mystischen Erleben empfahl Franziskus den heiligen Berg der besonderen Obhut der Brüder und bat sie, nie zuzulassen, daß dieser Ort profanen Zwecken dienstbar gemacht werde. Dann sprach der Poverello die von heiliger Wehmut erfüllten Abschiedsworte, die wiederum nur die „Fioretti" überliefern: „Lebe wohl, Bruder Masseo, lebe wohl! Bleibet im Frieden, liebe Söhne! Lebet wohl! Ich scheide von euch in meiner Person, aber mein Herz lasse ich bei euch. Ich gehe und werde nicht mehr wiederkommen. Ich gehe von dannen. Lebt alle wohl!" Es ist durchaus verständlich, daß den Brüdern bei diesen ergreifenden Abschiedsworten die Tränen aus den Augen stürzten, und dennoch liegt über diesem Scheiden eine wundersame Verklärung: „Ich gehe von euch mit meinem Leibe, aber mein Herz lasse ich hier." Diese Worte des Franziskus sind gewißlich wahr. Von seiner Seele ist etwas zurückgeblieben, etwas Unnennbares, das zu allen Zeiten fühlbar bleiben wird. Es ist auch heute noch unsichtbar anwesend, spüren wir doch leise seine Gegenwart.

Bruder Tod

Nach diesem Höhepunkt konnte nur noch das Ende folgen.
Franziskus war in den letzten Jahren krank. Geschwächt durch seine strenge Askese und durch die Stigmata, vermochte er kaum noch zu gehen. Ein Esel trug ihn von Ort zu Ort. Hinzu kam ein ganz schweres Augenleiden, das ihm verbot, während mehr als fünfzig Tagen das Tageslicht zu schauen. Der Arzt hielt eine Operation für nötig und strich mit einem glühenden Eisen über die Schläfen bis zu den Augenbrauen. Franziskus behauptete, nichts von der Hitze des Feuers verspürt zu haben. Die barbarische Tortur half ihm keineswegs. Für den Heiligen gab es keine Grenze zwischen Freude und Schmerz, beide verschmolzen ineinander, und beide veranlaßten ihn, das Loblied des Allerhöchsten zu singen. Franziskus wußte: „Das Übel, das den Leib befällt, kommt der Seele zugute, wenn man es ergeben trägt."
Im Alter von erst zweiundvierzig Jahren fühlte er den Tod nahen. Von zitternder Todesangst ist keine Spur wahrzunehmen. Er segnete noch einmal seine geliebte Stadt Assisi und ließ sich in seiner letzten Stunde nackt auf den bloßen Erdboden legen, denn „nackt wollte er mit dem Nackten kämpfen". Dann sagte er: „Willkommen, mein Bruder Tod", und befahl den Brüdern Angelo und Leo, ihm vom Bruder Tod zu singen. Er selbst fügte seinem „Sonnengesang" noch die Verse hinzu:

> „Gelobt seist Du, Herr,
> Durch unsern Bruder, den leiblichen Tod;
> ihm kann kein lebender Mensch entrinnen.
> Wehe denen, die sterben in schweren Sünden!
> Selig, die er in Deinem heiligsten Willen findet!
> Denn sie versehrt nicht der zweite Tod."

Singend erwartete Franziskus den Bruder Tod. Ein christlicheres Sterben ist nicht möglich. Der sehnsüchtige Wunsch: „Schlage doch, gewünschte Stunde", ist in Erfüllung gegangen, indem er den süßen Tod am 3. Oktober 1226 in seine Arme schloß.

Bald nach seinem Tode fand die feierliche Beratung über die Kanonisation statt. Zweifel wurden keine geäußert. In völliger Übereinstimmung lautete das Urteil: „Das überaus heilig-mäßige Leben des ganz heiligen Mannes bedarf nicht der Bestätigung durch Wunder, haben wir es ja mit unseren eigenen Augen gesehen, sozusagen mit unseren Händen gegriffen und im Lichte der Wahrheit geprüft." Davon war die ganze Christenheit überzeugt, damals und auch heute noch.

Sendung und Ausstrahlung

Äußerlich betrachtet, war Franziskus nicht besonders imponierend. Celano gab eine Schilderung, nach der er ein Mann mit fröhlichem Antlitz und gütigem Gesichtsausdruck war. „Von nicht sonderlich großer Gestalt, eher klein als groß, hatte er einen nicht sonderlich großen, runden Kopf, ein etwas längliches und gedehntes Gesicht, eine ebene und niedrige Stirne, nicht sonderlich große, schwarze, unverdorbene Augen, dunkles Haar, gerade Augenbrauen, eine gleichmäßige, feine und gerade Nase, aufwärts gerichtete, aber kleine Ohren, flache Schläfen, eine gewinnende, feurige und scharfe Sprache, eine mächtige, liebliche, klare und wohlklingende Stimme, dichte, gleichmäßige und weiße Zähne, schmale und zarte Lippen, einen schwarzen, nicht vollen Bart, einen schlanken Hals, gerade Schultern, kurze Arme, zarte Hände, lange Finger, etwas vorstehende Nägel, dünne Beine, sehr kleine Füße, eine zarte Haut, war sehr mager, trug ein rauhes Gewand, gönnte sich nur sehr kurzen Schlaf, besaß eine überaus freigebige Hand." Bruder Masseo sagte Franziskus gerade heraus: „Du bist kein schöner Mann." Das Urteil wird zutreffen. Franziskus war von einer anderen, einer inneren Schönheit erfüllt, und diese hat ihn so liebenswert gemacht.

Seinem inneren Wesen nach war Franziskus „kein Gelehrter, aber er war von Gott in jener Weisheit belehrt, die von oben stammt... Sein reiner Geist drang in die Tiefe der Dinge, wo die gelehrte Wissenschaft an der Oberfläche bleibt... Aber nicht jede Art von Einfalt fand seine Billigung, nur jene, der Gott allein genügt." Mit Recht wurde schon darauf hingewiesen, niemand solle sich einbilden, Franziskus' „wahre Motive und Absichten" enthüllt zu haben. Wir alle stehen vor einem Rätsel und sollen uns davor hüten, ihm unsere Ansichten zu unterschieben. Nie läßt sich Franziskus vereinnahmen, immer aber kann man sich ihm nähern, und nie wird man ihm nahe genug sein.

Seine Sendung floß aus seinem innersten Wesen. Franziskus' Auftrag bestand in seiner Christusähnlichkeit, die namentlich in seinem Testament noch einmal in ihrer ganzen Herrlichkeit aufleuchtet, mochte es auch Bonaventura in seiner vom Orden approbierten Lebensbeschreibung mit keinem Wort mehr erwähnen. Franziskus war nicht nur das Christussymbol des Mittelalters, sondern hat alle Generationen mit einer Eindringlichkeit ohnegleichen an den Herrn erinnert, eine brennende Verleiblichung, die viel größer ist als jede Entfaltung eines Programmes von heute. Man kann sich mit dem Poverello nicht ernsthaft einlassen, ohne nicht beständig Christus vor Augen gerückt zu bekommen. Nach Bruder Leo ist Franziskus „dank der vollendeten Nachfolge Christi durch die heilige Demut in Christus verwandelt worden". Diese Formulierung ist nicht übertrieben, denn diese Zielsetzung gilt für jeden Christen, der mit Paulus sagen möchte: „Nicht ich, Christus lebt in mir." Franziskus war dem Herrn so nahe gekommen, wie keiner ihm nahe gewesen ist seit den Tagen der Apostel. Er hat Christus nochmals in die Welt hineingetragen und hat eine Erneuerung der Gegenwart Christi vollbracht.

Entsprechend seiner Sendung war seine ungeheure Ausstrahlung. Nach den zeitgenössischen Berichten waren vor Franziskus die Christen gleichgültig geworden, ihre Liebe zu Gott erloschen und die Furcht vor seinem majestätischen Wesen dahingeschwunden. Eine schreckliche Gottlosigkeit hatte sich der Menschen bemächtigt, deren Gedanken nur noch um Geld, Vergnügen und Sünde kreisten.

Dann erschien Franziskus, und alles verwandelte sich von Grund auf. Das Vorwort zu der „Drei-Gefährten-Legende" gibt dieser Veränderung beredten Ausdruck: „Leuchtend wie das Frührot und wie der Morgenstern, ja wie die aufgehende Sonne die Welt mit glühenden Strömen des Lichts überflutet zu ihrer Fruchtbarkeit, so erschien Franz in seinem Aufbruch gleich einem neuartigen Licht. Beim Aufgang dieser Sonne lag die Welt gewissermaßen im winterlichen Frost erstarrt, in Finsternis und bar des Lebens. Sein Wort und seine Tat waren wie ein schönes Leuchten: die Wahrheit strahlt, die Liebe flammt, die Tugend, vieler Verdienste Mutter, hat eine Kraft zur Weckung neuen, schöneren Lebens. Wie ein Garten mit mannigfachen fruchtbeladenen Bäumen erblühen die drei Genossenschaften, die er gründete. Welch staunenswerte Fruchtbarkeit! Es war wie der Einzug des Frühlings in die Welt." Die prachtvolle Schilderung hat Franziskus richtig erfaßt: er kann nur mit der aufgehenden Sonne und dem einziehenden Frühling verglichen werden!

Nach seinem Tode senkte sich eine Traurigkeit auf die Erde, die sich in neuen Kriegen und Hungersnöten auswirkte. Es kam eine große Not über die Welt, die Franziskus zu seinen Lebzeiten zurückzuhalten vermocht hatte.

Ist dies eine zeitgenössische Übertreibung, wie sie von seinen enthusiastischen Anhängern gegeben wurde? Niemals haben sie sich von ihren eigenen Worten hinreißen lassen, sondern haben begeistert versucht, Franziskus nachzuleben. Auch in unserer Gegenwart wurde

Franziskus in ähnlicher Sicht gesehen; aus der Vielfalt seien nur drei voneinander völlig unabhängige Aussagen herausgegriffen.

Der Religionsphilosoph Nikolaj Berdjajew nannte in seiner Autobiographie „Franziskus die wichtigste Erscheinung der christlichen Geschichte". Die Bewertung ist um so bedeutsamer, als sie ein russischer Denker geäußert hat, der nicht der katholischen Kirche angehörte. Man kann sich tatsächlich mit der wichtigsten Erscheinung der christlichen Geschichte kaum genug beschäftigen, denn die Christenheit hat sie keineswegs in ihrer ganzen Tiefe verarbeitet.

Ähnlich dachte Reinhold Schneider über Franziskus. Nach ihm war der Poverello dazu ausersehen, mit der Verwirklichung des Wortes zu beginnen; seine tiefste Eigenart war, das Wort des Herrn zu tun: „Das Einzigartige, das wirklich Franziskanische liegt in dem Mut zur Unbedingtheit und Folgerichtigkeit, es liegt keineswegs in einem neuen Gedanken oder einem neuen Gefühl, sondern darin, daß mit dem äußersten Ernste von Christus her, im Gehorsam gegen Christus ein Leben gelebt wurde; in der unerhörten Kühnheit des Verlangens, auf dem Wege demütiger Nachfolge in Christus verwandelt zu werden." Deswegen ist Franziskus für den Dichter die lebendige, gestalthaft-verpflichtende Antwort auf die Frage nach dem Wesen des abendländischen Christentums. Reinhold Schneider hat sich mehrfach dem Poverello gestellt; wie wenige Menschen hat der Dichter um „die Stunde des heiligen Franz" gewußt.

Auch Julien Green, dessen abgründige Romane die Gottesferne des modernen Menschen schildern, notierte sich in seinen hellsichtigen Tagebüchern die geradezu visionäre Einsicht: „Seit ein paar Tagen frage ich mich, ob uns Christus sein Evangelium zu Lebzeiten des heiligen Franziskus nicht ein zweites Mal geschenkt hat." Es bleibt nichts mehr zu sagen übrig, als daß sich in all diesen Worten doch eine Ahnung von Franziskus' Heiligkeit kundgetan hat, die auch den heutigen Menschen in ihren Lichtkreis hineinreißen will.

Was die Denker und Dichter über Franziskus gedacht haben ist schön und tief zugleich. Er selbst gab seiner Freude mannigfachen Ausdruck: „Manchmal hob er von der Erde ein Holzscheit auf, legte es über den linken Arm, nahm mit der Rechten einen Stecken, der ihm zum Bogen diente, und strich damit über das Scheit, wie wenn er mit der Geige oder mit einem andern Instrument spielte. Dazu bewegte er sich in entsprechendem Rhythmus und sang ein französisches Lied vom Herrn Jesus Christus. Zuletzt pflegten sich all diese Lieder und Tänze in Tränen der Rührung aufzulösen, im Gedanken an Christus, und alles in ihm ward zu reiner Seligkeit. Er vergaß, was er in Händen hielt, und ward zum Himmel entrückt." Ein wundervolles Bild von einzigartiger Schönheit! Bei dieser Szene glaubt man die herbe Süßigkeit greifbar zu spüren und die Bitte zu hören, die franziskanische Geige zur Hand zu nehmen, um einer ratlos gewordenen Welt jene uralte und doch ewig junge Melodie vorzuspielen, der das menschliche Herz nicht widerstehen kann.

Das Testament

1. So hat der Herr mir, dem Bruder Franziskus, gegeben, das Leben in Buße zu beginnen: denn da ich in Sünden war, erschien es mir unerträglich bitter, Aussätzige anzublicken. Und der Herr selbst hat mich unter sie geführt, und ich habe ihnen Barmherzigkeit erwiesen. Und während ich fortging von ihnen, wurde mir gerade das, was mir bitter schien, in Süßigkeit der Seele und des Leibes verwandelt. Und danach verweilte ich nur kurze Zeit und verließ die Welt.

2. Und der Herr verlieh mir in den Kirchen einen solchen Glauben, daß ich in Einfalt also betete und sprach: „Wir beten Dich an, Herr Jesus Christus – und in allen Deinen Kirchen, die in der ganzen Welt sind, und wir preisen Dich, weil Du durch Dein heiliges Kreuz die Welt erlöst hast.“

3. Weiter gab und gibt mir der Herr zu den Priestern, die nach der Vorschrift der heiligen Römischen Kirche leben, ein solch großes Vertrauen wegen ihrer Weihe, daß ich, wenn sie mich verfolgen würden, dennoch zu ihnen meine Zuflucht nehmen will. Und wenn ich solch große Weisheit besäße, wie Salomon sie gehabt hat, und fände armselige Priester dieser Welt – in den Pfarreien, in denen sie wohnen, will ich nicht ohne ihren Willen predigen. Und diesen und allen anderen will ich Ehrfurcht erweisen, will sie lieben und ehren wie meine Herren. Und ich will bei ihnen nicht die Sünde beachten, weil ich den Sohn Gottes in ihnen erblicke und sie meine Herren sind. Und deswegen tue ich das, weil ich in dieser Welt von Ihm, dem höchsten Sohne Gottes, leiblicherweise nichts sehe als Seinen heiligsten Leib und Sein heiligstes Blut, das diese empfangen und sie allein anderen darreichen. Und ich will, daß diese heiligsten Geheimnisse über alles geehrt, angebetet und an kostbaren Stellen aufbewahrt werden. Seine niedergeschriebenen heiligsten Namen und Worte will ich aufsammeln, wo immer ich sie an ungehörigen Stellen finde, und ich bitte darum, man möge sie aufsammeln und an ehrbarer Stelle niederlegen. Und alle Gottesgelehrten und jene, die uns die heiligsten Worte Gottes vortragen, müssen wir hochachten und ihnen Ehrerbietung erzeigen als solchen, die uns Geist und Leben spenden.

4. Und nachdem mir der Herr Brüder gegeben hatte, zeigte mir niemand, was ich zu tun hätte, sondern der Allerhöchste selbst hat mir geoffenbart, daß ich nach der Weise des heiligen Evangeliums leben solle. Und ich habe es mit wenigen Worten und schlicht aufschreiben lassen, und der Herr Papst hat es mir bestätigt. Und jene, die da kamen, dieses Leben anzunehmen, gaben alles, was sie haben mochten, den Armen. Und sie waren zufrieden mit einem Habit, der innen und außen geflickt war, mit einem Strick und den Hosen. Und mehr

wollten wir nicht haben. Die Tagzeiten beteten wir Kleriker wie andere Kleriker, die Laien beteten das Vaterunser. Und sehr gern verweilten wir in den Kirchen. Und wir waren ungebildet und jedermann untertan.

5. Und ich arbeite mit meinen Händen und will arbeiten. Und ich will nachdrücklich, daß alle anderen Brüder einer Arbeit nachgehen, die ehrbar ist. Die das nicht können, sollen es lernen, nicht aus Sucht, für die Arbeit einen Lohn zu erhalten, sondern um des Beispiels willen und um den Müßigang zu vertreiben. Und wenn uns einmal der Arbeitslohn nicht gegeben werden sollte, so wollen wir zum Tische des Herrn Zuflucht nehmen und von Tür zu Tür um Almosen bitten.

6. Als Gruß, so hat mir der Herr geoffenbart, sollten wir sagen: „Der Herr gebe dir den Frieden."

7. Hüten mögen sich die Brüder, daß sie Kirchen, ärmliche Wohnungen und alles, was für sie gebaut wird, in keinem Falle annehmen, wenn sie nicht sind, wie es der heiligen Armut entspricht, die wir in der Regel versprochen haben; wir sind ja dort immer nur zu kurzem Verweilen wie Fremdlinge und Pilger.

8. Ich befehle streng im Gehorsam allen Brüdern, wo sie auch sind, daß sie nicht wagen sollen, irgendeinen Schutzbrief bei der Römischen Kurie zu erbitten, weder selbst noch durch einen Vermittler, weder für eine Kirche noch für irgendeinen anderen Ort, weder unter dem Vorwande der Predigt noch wegen leiblicher Verfolgung. Vielmehr sollen sie, falls man sie irgendwo nicht aufgenommen hat, in ein anderes Land fliehen, um dort mit Gottes Segen Buße zu tun.

9. Und es ist mein fester Wille, dem Generalminister dieser Brüderschaft zu gehorchen und jenem Guardian, den er mir nach seinem Ermessen geben mag. Und derart will ich als ein Gefangener in dessen Händen sein, daß ich ohne den Gehorsam gegen ihn und ohne seinen Willen nicht gehen noch handeln kann, weil er mein Herr ist. Und obgleich ich einfältig und krank bin, will ich doch immer einen Kleriker haben, der mir das Offizium hält, wie es in der Regel steht.

10. Und alle anderen Brüder sollen verpflichtet sein, in gleicher Weise ihren Guardianen zu gehorchen und die Tagzeiten nach der Vorschrift der Regel zu beten. Und sollte man solche finden, daß sie die Tagzeiten nicht nach der Regelvorschrift beteten und eine andere, abweichende Art einführen wollten oder nicht katholisch wären – alle Brüder, wo sie auch

sind, sollen im Gehorsam verpflichtet sein, daß sie einen solchen, wo sie ihn auch finden, dem nächsten Kustos des Ortes, wo sie ihn gefunden haben, vorführen müssen. Und der Kustos soll streng im Gehorsam verpflichtet sein, ihn wie einen Gefangenen bei Tag und Nacht scharf zu bewachen, so daß er seinen Händen nicht entrissen werden kann, bis er ihn in eigener Person den Händen seines Ministers übergibt. Und der Minister soll streng im Gehorsam verpflichtet sein, ihn durch solche Brüder zuschicken, die ihn bei Tag und Nacht wie einen Gefangenen bewachen, bis sie ihn vor den Herrn von Ostia gebracht haben, welcher der Herr der gesamten Brüderschaft ist und sie in Schutz und Zucht nimmt.

11. Und die Brüder sollen nicht sagen: „Dies ist eine andere Regel", denn dies ist eine Erinnerung, Ermahnung und Ermunterung und mein Testament, das ich, der ganz geringe Bruder Franziskus, euch, meinen gebenedeiten Brüdern, aus dem Grunde mache, daß wir die Regel, die wir zu halten dem Herrn versprochen haben, besser katholisch beobachten.

12. Und der Generalminister und alle anderen Minister und Kustoden sollen im Gehorsam verpflichtet sein, bei diesen Worten weder Zusätze noch Abstriche vorzunehmen. Und allezeit sollen sie dieses Schreiben neben der Regel bei sich haben. Und auf allen Kapiteln, die sie halten, sollen sie auch diese Worte verlesen, wenn sie die Regel verlesen. Und allen meinen Brüdern, den Klerikern und den Laien, befehle ich streng im Gehorsam, daß sie keine Erklärungen zur Regel oder zu diesen Worten anfügen und sagen: „So wollen sie verstanden werden." Sondern wie mir der Herr gegeben hat, die Regel und diese Worte schlicht und klar zu sagen und zu schreiben, so schlicht und ohne Erklärung sollt ihr sie verstehen und mit heiligem Wirken bis ans Ende beobachten.

13. Und ein jeder, der dies beobachtet, werde im Himmel erfüllt mit dem Segen des allerhöchsten Vaters und werde auf Erden erfüllt mit dem Segen Seines geliebten Sohnes in Gemeinschaft mit dem Heiligsten Geiste, dem Tröster, und mit allen Kräften der Himmel und allen Heiligen. Und ich, Bruder Franziskus, euer ganz geringer Diener, bestätige euch, soviel ich nur kann, innen und außen diesen heiligsten Segen.

Franziskus und seine Welt

Die Jugend des Franziskus

1 Blick auf Assisi

Assisi, eine Stadt im Spoletotal, war die Heimat des Franziskus, des Sohnes des Tuchhändlers Pietro Bernadone, der ganz auf Gelderwerb bedacht war ...

2 Gasse in Assisi mit der „Stalleta", in der Franziskus geboren sein soll

... Seine ehrenwerte Mutter hieß Pica; sie gebar wie eine zweite Elisabeth diesen glückhaften Sohn und nannte ihn in Abwesenheit seines Vaters, der Geschäfte wegen nach Frankreich gezogen war, im Hinblick auf die Zukunft Johannes ... Als nun der Vater aus Frankreich zurückkehrte, freute er sich über den Sohn und nannte ihn Franziskus, nach Frankreich, woher er kam.

(Legende der drei Gefährten 1)

3 Spielleute

Alles bewunderte Franziskus, und allen strebte er zuvorzukommen in Prunk und eitler Ruhmgier, in Scherzen, Späßen und jugendlichen Streichen, in lockeren Reden und Liedern, in aufwendigen Kleidern; denn er war sehr reich.

(Thomas von Celano, Lebensbeschreibung I, 2)

4 Die Festung „Rocca Maggiore" oberhalb von Assisi

5 Das Rathaus von Perugia, der feindlichen Nachbarstadt Assisis

6 Ein Mann huldigt dem jungen Franziskus auf dem Marktplatz von Assisi

7 Fassade des römischen Minervatempels am Marktplatz von Assisi

Sein freundliches Wesen, verbunden mit edlen Sitten, seine Leutseligkeit und großzügige Mildtätigkeit, die oft seine Mittel und Möglichkeiten überstieg, wurden schon an dem jungen Franziskus als Zeichen seiner künftigen Bestimmung betrachtet. All das schien wie ein Vorspiel dafür zu sein, daß sich später Gottes Segen in noch reicherer Fülle über ihn ergießen würde. Denn als Franziskus eines Tages einem gar einfältigen Mann aus Assisi auf der Straße begegnete, da zog dieser – wohl auf Eingebung Gottes – seinen Mantel aus, legte ihn vor die Füße des jungen Franziskus und rief aus, Franziskus verdiene alle Ehre, weil er bald große Dinge vollbringen werde und deshalb von allen Gläubigen zu verehren sei.

(Bonaventura, Das große Franziskusleben I, 1)

46

Als eines Tages während des Krieges zwischen den Bewohnern von Perugia und Assisi eine blutige Schlacht (bei Collestrada) stattfand, wurde Franziskus mit mehreren anderen gefangengenommen, in Ketten gelegt und mußte mit den anderen in einem schmutzigen Kerker liegen. Die Mitgefangenen jammerten und klagten über ihre Gefangenschaft. Nur Franziskus frohlockte im Herrn. Die Gefährten waren darüber ärgerlich und schimpften, weil er trotz der Fesseln so fröhlich war. Franziskus aber antwortete ihnen und prophezeite: „Worüber, glaubt ihr, bin ich so fröhlich? Man wird mich in der Zukunft als Heiligen verehren in der ganzen Welt." Und tatsächlich ist alles, was er sagte, in Erfüllung gegangen.

(Thomas von Celano, Zweite Lebensbeschreibung I, 4)

Die Berufung des Franziskus – Gründung des ersten Ordens

9 *Blick auf Spoleto*

Da Franziskus Gottes Absicht mit ihm noch nicht erkannte, beschloß er, nach Apulien zu ziehen, um dort als Gefolgsmann eines edlen Grafen den geachteten Stand eines Ritters zu erlangen. Als er sich auf den Weg machte und bis zur nächsten Stadt (Spoleto) gekommen war, hörte er nachts, wie der Herr ihn fragte: „Franziskus, wer kann dir mehr bieten, der Herr oder der Knecht, der Reiche oder der Arme?" Als Franziskus antwortete, der Herr und der Reiche könnten ihm mehr schenken, sprach die Stimme weiter: „Warum verläßt du dann den Herrn um des Knechtes, den Reichen um des Armen willen?" Da fragte Franziskus: „Was willst du, Herr, daß ich tun soll?" und die Stimme antwortete ihm: „Kehre in dein Land zurück."

(Bonaventura, Das große Franziskusleben I, 3)

10 *Franziskus gibt seinen Mantel einem armen Ritter*

Einmal begegnete Franziskus einem edlen, aber armen und schlecht gekleideten Ritter. Voll Mitleid mit dessen Armut zog er seinen Mantel aus und bedeckte den Ritter damit.

(Bonaventura, Das große Franziskusleben I, 2)

11 *Blick auf S. Damiano*

Als Franziskus, der neue Ritter Christi, nach Assisi zurückkehrte, fand er am Weg eine Kirche, die in alter Zeit zu Ehren des hl. Damianus erbaut worden war; jetzt aber drohte das Kirchlein wegen des hohen Alters einzustürzen. Franziskus trat, von Mitleid über solche Armseligkeit bewegt, mit ehrfürchtiger Scheu in die Kirche ein. Und als er dort einen armen Priester fand, küßte er ihm die geweihten Hände, bot ihm das Geld an, das er bei sich trug, und bat ihn inständig, er möge ihn bei sich wohnen lassen.

(Thomas von Celano, Lebensbeschreibung IV, 4–5)

12 *Franziskus betet vor dem Kreuz in S. Damiano*

Um zu beten warf sich Franziskus einmal in S. Damiano vor dem Bild des Gekreuzigten nieder und wurde während des Betens mit überreichem geistlichem Trost erfüllt. Als er dann zum Kreuz des Herrn aufschaute, hörte er mit seinen leiblichen Ohren, wie vom Kreuz her dreimal eine Stimme die folgenden Worte zu ihm sprach: „Franziskus, gehe hin und stelle mein Haus wieder her, das ganz zerfällt, wie du siehst." Erschrocken, weil er ja ganz allein in der Kirche war, staunte Franziskus über die wunderbare Stimme und er wurde im Geist entrückt, weil sein Herz die Kraft des göttlichen Wortes gespürt hatte. Nachdem er wieder zu sich gekommen war, gehorchte er dem Wort des Herrn. Er begann, das steinerne Kirchlein wiederherzustellen, obwohl sich der Sinn des göttlichen Befehls auf jene Kirche bezog, die Christus mit seinem Blut erworben hatte.

(Bonaventura, Das große Franziskusleben II, 1)

13 *Das Kreuz von S. Damiano*

14 *Blick auf den Dom S. Rufino in Assisi*

15 *Franziskus trennt sich von seinem Vater*

Als aber der Vater des Franziskus sah, daß er seinen Sohn von dem eingeschlagenen Weg nicht abbringen könne, bemühte er sich nach allen Kräften, ihm wenigstens das Geld abzunehmen. Deshalb schleppte der Vater den Franziskus vor den Bischof der Stadt, damit er in dessen Hände auf sein ganzes Vermögen verzichte und alles zurückgebe, was er besitze.
Weil aber Franziskus die Armut aufrichtig liebte, war er gern zu diesem Verzicht bereit. Und vor dem Bischof zeigte er kein Zögern, sondern zog seine Kleider aus und gab sie seinem Vater. Und das wunderbare Feuer seines Geistes machte ihn so trunken, daß er auch seine Unterkleider zurückgab, vor allen Leuten ganz entblößt stand und zu seinem Vater sagte: „Bis heute habe ich dich auf Erden meinen Vater genannt, jetzt aber kann ich voll Vertrauen sprechen: Unser Vater, der du bist im Himmel, bei dem ich alle meine Schätze hinterlegt und auf dem meine Hoffnung und Zuversicht ruht." Als der Bischof erkannte, wie der Gottesmann Franziskus vor übergroßer Liebe zum Herrn glühte, schloß er Franziskus weinend in seine Arme, schlug den Mantel, den er trug, um ihn und befahl seinen Dienern, Kleider zu bringen, um die Blöße seines Leibes zu bedecken. So also wurde der Diener des allerhöchsten Königs von allem entblößt, um dem entblößten Herrn am Kreuz nachzufolgen.

(Thomas von Celano, Lebensbeschreibung VI, 14, und Bonaventura, Das große Franziskusleben II, 4)

16 *Ruine einer romanischen Kapelle*

Franziskus dachte wieder an das Gebot, das ihm die Stimme vom Kreuz gegeben hatte, das Kirchlein von S. Damiano wiederherzustellen. Er überwand alle Scheu, bettelte bei den Menschen, unter denen er noch kurz vorher im Überfluß gelebt hatte, und belud seinen schwachen, durch Fasten ausgemergelten Körper mit den Steinen. Und als er diese Kirche mit der Hilfe Gottes und der frommen Gläubigen wiederhergestellt hatte, begann er auch eine andere Kirche aufzubauen, die weiter von der Stadt lag.

(Bonaventura, Das große Franziskusleben II, 7)

17 *Die Kapelle Portiunkula*

Dann begab sich Franziskus an einen Ort, Portiunkula genannt, wo ein in alter Zeit erbautes Kirchlein stand, das jetzt verlassen und von niemand betreut war. Dort ließ er sich nieder, um es instand zu setzen. Und diesen Ort liebte der Heilige mehr als alle anderen auf Erden. Denn dies ist der Ort, an dem Franziskus auf Geheiß einer Offenbarung Gottes den Orden der Minderbrüder gründete.
Als Franziskus nämlich eines Tages die Messe zu Ehren der Apostel hörte, wurde jenes Evangelium gelesen, in dem Christus seine Jünger aussendet und ihnen dabei vorschreibt, daß sie weder Gold noch Silber, noch Geld in ihrem Gürtel, auch keine Tasche auf dem Weg und keine zwei Röcke haben und keine Schuhe und keinen Stab tragen sollten. Franziskus, der die Armut liebte, wurde von unsagbarer Freude erfüllt und rief aus: „Das ist es, was ich begehre, das ist es, was ich zu tun aus Herzensgrund verlange." Und sogleich zog er seine Schuhe aus, warf seinen Stab weg und zog ein rauhes Gewand an, das er mit einem Strick gürtete.

(Bonaventura, Das große Franziskusleben II, 8 und III, 1)

18 Franziskus pflegt einen Lahmen

Allen Menschen, die von irgendeinem körperlichen Leiden geplagt waren, galt die teilnehmende Liebe des Franziskus.

(Bonaventura, Das große Franziskusleben II, 8 und III, 1)

19 Predigende Franziskaner

Franziskus begann mit großem Eifer und voller Begeisterung allen Buße zu predigen. Mit schlichten Worten, die aus einem gottbegeisterten Herzen kamen, ergriff er seine Hörer. Sein Wort war wie loderndes Feuer, das ins Innerste des Herzens drang und den Geist der Zuhörer in Bewunderung mitriß. Bei jeder Predigt rief er, bevor er den Versammelten das Wort Gottes auslegte, den Frieden herab mit den Worten: „Der Herr gebe euch den Frieden."

(Thomas von Celano, Lebensbeschreibung X, 23)

20 Glockenstuhl von S. Stefano in Assisi

Die Ausbreitung des Ordens – der zweite Orden

21 Blick auf die Stadt Trevi

Als nun Franziskus sah, wie die Zahl der Brüder allmählich wuchs, schrieb er mit einfachen Worten für sich und seine Brüder eine Lebensregel, bei der er die Befolgung des heiligen Evangeliums zur Grundlage machte. Er fügte nur wenige Vorschriften hinzu, die ihm für die neue Lebensweise notwendig schienen. Da er aber das, was er geschrieben hatte, gern vom Papst bestätigen lassen wollte, entschloß er sich, mit der Schar seiner Gefährten nach Rom zu wandern.

(Bonaventura, Das große Franziskusleben III, 8)

SANCTA CLARA

...a si mater nutrit et diligit filium suum carnalem, quanto diligentius debet quis diligere et nutrire fratrem suum spirituale. E

. Si qui fratrum instigante inimico mortaliter peccauerint, pro illis peccatis de quibus ordinatum fuerit inter fratres ut re

curratur ad presbiteros suos cum misericordia iniungant illis penitentiam. Si uero presbiteri non sunt iniungi faciant per alios sacerdotes

...nos, quia ira et conturbatio in se et in aliis impediunt caritatem. De electione generalis ministri huius

...em ministrum et seruum totius fraternitatis et ei teneantur firmiter obedire. Quo decedente electio successoris

per insimul conuenire ubicumque; a generali ministro fuit constitutum. et hoc semel in tribus annis ...

uniuersitatis ministrorum prouincialium et Custodum predictum ministrum non esse sufficientem ad seruitium et

Capitulum uero penthecostes ministri et Custodes possint singuli si uoluerint et eis expedire uidebitur eodem

...is episcopi cum ab eo illis fuerit contradictum. et nullus fratrum populo penitus audeat predicare. nisi a ministro

...hortor eosdem fratres ut in predicatione quam faciunt sint examinata et casta eorum eloquia. ad utilitatem et

...in fecit dominus super terram. De ammonitione et correctione fratrum. Fratres qui sunt ministri et serui aliorum fratrum

...animam suam et regulam nostram. Fratres uero qui sunt subditi recordentur quod propter deum, abnegauerint proprias ...

...ut contraria anime et Regule nostre. Et ubicumque sunt fratres qui scirent et cognoscerent se non posse Reg...

...ingne eos recipiant et tantam familiaritatem habeant circa ipsos. ut dicere possint eis et facere ...

...ut caueant fratres ab omni superbia. uanagloria. inuidia. auaritia. cura. et sollicitudine huius seculi. det...

...esiderare debent habere spiritum domini et sanctam eius operationem. orare semper ad eum puro corde. et

...et arguunt quia dicit dominus diligite inimicos uestros et orate pro persequentibus et caluniant...

...euerterit usque in finem hic saluus erit. Quod fratres non ingrediantur monasteria monacharum. Pr...

...onachorum preter illos quibus a sede apostolica concessa est licentia specialis. Nec fiant compatres uirorum ut

...infideles. Quicumque fratrum diuina inspiratione uoluerint ire inter sarracenos et alios infideles peta...

...uiderint esse ydoneos ad mittendum. Ad hec per obedientiam iniungo ministris ut petant a domino ...

...per subditi et subiecti pedibus eiusdem sancte ecclesie stabiles in fide catholica. paupertatem et humilitate...

...e paginam nostre confirmationis infringere uel ei ausu temerario contraire. Si quis autem hoc attempta...

...Dat. Lateran. ij   kl   Decembris   pontificat   viij

22 Traum des Papstes Innozenz III.

23 Papst Innozenz III. segnet Franziskus und bestätigt seine Regel

In Rom wurde Franziskus vor den Papst geführt. Doch da dieser hohen Gedanken nachging und Franziskus nicht kannte, wies er ihn unwillig zurück. Franziskus ging demütig weg. Nachdem der Papst Franziskus erneut gerufen und sein Anliegen gehört hatte, sprach er zu ihm: „Mein Sohn, bete zu Christus, er möge uns zeigen, was er mit dir vorhat. Denn wenn wir seinen Willen klarer erkennen, können wir mit größerer Zuversicht dein frommes Begehren erfüllen." Der Papst aber hatte darauf eine Vision. Er sah nämlich im Traume – so hat er selbst berichtet –, wie die Laterankirche dem Einsturz nahe war. Doch ein kleiner Mann, arm und bescheiden, stützte die Kirche, damit sie nicht zusammenfiel, und hielt sie mit seinen Händen und Schultern. Wahrlich, erkannte der Papst, das ist jener Mann Franziskus, der durch sein Werk und seine Lehre die Kirche Christi erhalten wird. Durch diese Traumvision gewann der Papst eine große Verehrung für Franziskus. Er gewährte seine Bitte, versprach, ihm noch mehr zu gewähren, bestätigte seine Regel, segnete Franziskus und gab ihm den Auftrag, die Buße zu predigen.

(Bonaventura, Das große Franziskusleben III, 9–10)

24 Gasse in Assisi

25 Die hl. Klara

26 Einkleidung der Klara durch Franziskus in der Portiunkula-Kapelle

27 Refektorium der Klara in S. Damiano

28 Die hl. Klara und ihr Leben

San Damiano ist jene geweihte Stätte, an der die ruhmreiche Genossenschaft und der so hervorragende Orden der Armen Frauen und heiligen Jungfrauen etwa sechs Jahre nach der Bekehrung des Franziskus durch eben diesen Diener Gottes seinen glücklichen Anfang nahm. Hier entstand in der Herrin Klara, die aus der Stadt Assisi gebürtig war, der kostbarste und mächtigste Stein als Fundament der übrigen, darübergelegten Steine. Denn als die Herrin Klara nach den ersten Anfängen des Ordens der Minderbrüder auf die Mahnungen des Franziskus sich zu Gott bekehrt hatte, da wurde sie vielen zum Ansporn und war für Ungezählte ein Beispiel.
Klara war adelig von Geschlecht, aber noch adeliger durch die Gnade, eine Jungfrau dem Fleische nach, im Geist ganz keusch; an Alter noch ein Mädchen, war sie an Reife des Geistes eine weise Greisin, standhaft in ihren Vorsätzen und brennend in Liebe zu Gott. Mit Weisheit begabt und durch Demut ausgezeichnet, steht sie da. Klara, die „Strahlende" schon dem Namen nach, war sie durch ihr Leben noch strahlender, am strahlendsten aber durch ihren Tugendwandel.

(Thomas von Celano, Lebensbeschreibung VIII, 18)

29 Turm der Kirche von S. Chiara in Assisi

30 Franziskus schafft Frieden in Arezzo

31 Blick auf Arezzo

Einmal kam Franziskus zufällig nach der Stadt Arezzo, die durch Bürgerkrieg entzweit war. Von seiner Herberge vor der Stadt sah Franziskus, wie die Teufel über der Stadt frohlockten und die Bürger zum gegenseitigen Morden aneiferten. Da sandte er Bruder Silvester, einen Mann mit der Einfalt einer Taube, und gab ihm den Auftrag: „Tritt vor das Stadttor und befiehl im Namen Gottes den Teufeln, schnell abzuziehen." Bruder Silvester gehorchte schnell dem Befehl des Vaters Franziskus und rief am Stadttor mit lauter Stimme: „Kraft des allmächtigen Gottes und auf Befehl seines Dieners Franziskus entflieht von hier alle bösen Geister!" Sogleich kehrte wieder Frieden in der Stadt ein.

(Bonaventura, Das große Franziskusleben VI, 9)

32 Franziskus und Dominikus

Als sich Franziskus und Dominikus einmal in Rom trafen, bat der selige Dominikus den Franziskus, er möge ihm den Strick geben, mit dem er gegürtet sei. Franziskus verweigerte das zunächst aus Demut, gab dann aber der bestürmenden Liebe nach. Dominikus empfing von ihm den Strick, umgürtete sich mit ihm unter dem Gewand und trug ihn seitdem voll Ehrerbietung. Zum Schluß gaben sie sich die Hände, und Dominikus sprach zu Franziskus: „Bruder, ich möchte, daß dein Orden und der meine zu einem würden, damit wir in der Kirche auf gleiche Weise unser Leben führten." Und als sie dann voneinander schieden, sagte Dominikus zu den Umstehenden: „Es ist die Wahrheit und meine feste Überzeugung, daß alle Ordensleute diesem heiligen Menschen Franziskus nacheifern sollten, denn er ist vollkommen in seiner Heiligkeit."

(Legende der Brüder 50)

33 Die Isola Maggiore im Trasimenischen See

34 Die Einsiedelei Carceri bei Assisi

35 Einsiedlerhöhle bei Carceri

Der Vater Franziskus wurde jeden Tag mit Tröstungen und Gnade des Heiligen Geistes erfüllt. Und er unterwies seine Söhne mit aller Wachsamkeit und Sorge in seiner neuen Lehre, indem er sie den Weg der heiligen Armut und seligen Einfalt lehrte. Eines Tages aber, als er wünschte, daß ihm vom Herrn geoffenbart werde, wie sich sein und seiner Brüder Leben fernerhin gestalten solle, suchte er einen Ort des Gebetes in Einsamkeit auf, wie er sehr oft zu tun pflegte. Als er dort lange verharrte, voll Bitterkeit an die schlecht verbrachten Jahre seines Lebens dachte und immer wieder das Wort „Gott sei mir Sünder gnädig" gesprochen hatte, da begann unsagbare Freude und höchste Wonne sich nach und nach in das Innerste seines Herzens zu ergießen. Die Kraft seines Geistes weitete sich, und er sah in hellem Licht, was die Zukunft bringen werde. Als endlich jene Wonne entschwand, schien er geistig erneuert und in einen anderen Menschen umgewandelt.

(Thomas von Celano, Lebensbeschreibung XI, 26)

36 Bulle des Papstes Honorius III., in der die Ordensregel bestätigt wird

Der Herold Christi –
Gründung des Dritten Ordens

37 Bildnis des Franziskus

Franziskus war ein redegewandter Mann mit fröhlichem Gesicht und gütigen Gesichtszügen, frei von Feigheit, ohne jede Überheblichkeit. Von mittlerer Größe, eher klein als groß, hatte er einen mittelgroßen runden Kopf, ein etwas längliches und gedehntes Gesicht, eine ebene und niedrige Stirn, nicht sonderlich große, dunkle, unverdorbene Augen, dunkles Haar, gerade Augenbrauen, eine gleichmäßige, feine, gerade Nase, aufwärts gerichtete, aber kleine Ohren, flache Schläfen, eine gewinnende, feurige und scharfe Sprache, dichte, gleichmäßige und weiße Zähne, schmale und zarte Lippen, einen dunklen, nicht vollen Bart, einen schlanken Hals, gerade Schultern, kurze Arme, zarte Hände, lange Finger, etwas vorstehende Nägel, dünne Beine, sehr kleine Füße, eine zarte Haut, war sehr mager, trug ein rauhes Gewand, gönnte sich nur sehr kurzen Schlaf, besaß eine überaus freigebige Hand.

(Thomas von Celano, Lebensbeschreibung XXIX, 83)

38 Die Meerfahrt des Franziskus

Franziskus geriet in große Gewissensnot, die er seinen vertrauten Gefährten zur Entscheidung vorlegte: „Brüder, was ratet ihr mir", sagte er, „soll ich nur dem Gebete leben oder als Prediger umherziehen?" Als echter Minderbruder schämte er sich nicht, von Einfältigen selbst in minder wichtigen Dingen Rat zu erfragen. Daher rief er zwei seiner Brüder zu sich und sandte sie zu Bruder Silvester, er solle Gottes Antwort in seiner Gewissensfrage erforschen. Den gleichen Auftrag gab er auch der Jungfrau Klara, sie möge mit den anderen Schwestern beten und durch eine besonders reine und einfältige Schwester darüber den Willen des Herrn erforschen. Wie durch ein Wunder stimmten der ehrwürdige Priester und die gottgeweihte Jungfrau, denen der Heilige Geist Gottes Willen kundtat, darin überein, es gefalle Gott, daß Franziskus als Herold Christi zum Predigen ausziehe.

(Bonaventura, Das große Franziskusleben XII, 1–2)

39 Franziskus vor dem Sultan in Ägypten

Da die Glut seiner Liebe Franziskus zum Martyrium drängte, zog er im dreizehnten Jahr nach seiner Bekehrung in das Land Syrien und nahm mutig große Gefahren auf sich, um vor den Sultan von Ägypten zu gelangen. In Begleitung des Bruders Illuminatus machte er sich auf den Weg und predigte dem Sultan mit Unerschrockenheit, Geisteskraft und Begeisterung den einen, dreifaltigen Gott und den Erlöser aller Menschen, Jesus Christus. Der Sultan sah die wunderbare Glut und Kraft des Geistes bei dem Gottesmann und bat ihn inständig, bei ihm zu bleiben. Von Gott erleuchtet, gab Franziskus ihm zur Antwort: „Wenn du dich mit deinem Volk zu Christus bekehren willst, will ich aus Liebe zu ihm gern bei euch bleiben. Solltest du aber Bedenken haben, für den Glauben an Christus das Gesetz des Mohammed zu verlassen, so laß ein großes Feuer anzünden.

Ich werde dann mit deinen Priestern ins Feuer hineingehen, damit du dadurch erkennen kannst, welchen Glauben du annehmen mußt, weil er größere Sicherheit und Heiligkeit besitzt." Da erwiderte der Sultan: „Ich glaube nicht, daß sich einer meiner Priester bereitfindet, zur Verteidigung seines Glaubens diese Feuerprobe zu wagen." Denn er hatte gesehen, wie sich einer seiner Priester, ein Mann von hohem Ansehen und Alter, bei den Worten des Franziskus aus dem Staube gemacht hatte. Da sagte der Heilige: „Versprichst du mir für dich und dein Volk den Glauben an Christus anzunehmen, wenn ich unversehrt durchs Feuer gehe, dann will ich allein hineingehen." Doch der Sultan wagte nicht eine solche Probe anzunehmen, weil er einen Aufruhr seines Volkes fürchtete.

(Bonaventura, Das große Franziskusleben IX, 7–8)

40 Franziskus verlobt sich der Armut

Solange der Vater Franziskus auf der Erde weilte, verachtete er alle Schätze der Menschenkinder als eitlen Tand; denn sein Streben war auf ein erhabeneres Ziel gerichtet, und er verlangte deshalb aus ganzem Herzen nach der Armut. Da er sah, wie die Armut dem Sohne Gottes vertraut war, richtete er all sein Denken und Streben darauf, der von der Welt immer mehr verstoßenen Armut sich in ewiger Liebe zu vermählen. Und weil er ein Liebhaber ihrer Schönheit geworden war, verließ er nicht nur Vater und Mutter, sondern tat auch sonst alles von sich, um seiner Gemahlin, der Frau Armut, noch treuer anhängen zu können. Seinen Söhnen nannte Franziskus die Armut als den Weg zur Vollkommenheit als Unterpfand und Kaufpreis der ewigen Reichtümer.

(Thomas von Celano, Zweite Lebensbeschreibung XXV, 55)

41 Landschaft bei Poggio Bustone im Tal von Rieti

42 Höhle des Franziskus beim Kloster Fonte Colombo bei Rieti

Da sich der Orden nun ausbreitete, beschloß Franziskus, die von Papst Innozenz gutgeheißene Lebensform durch seinen Nachfolger, Papst Honorius, für alle Zeit bestätigen zu lassen. Dazu wurde er durch eine Offenbarung Gottes aufgefordert. Die (erste) Ordensregel war eine Zusammenstellung von Worten des Evangeliums und sehr umfangreich. Als Franziskus sie nun zur Bestätigung durch den Papst in eine knappere Form bringen wollte, wie ihn die Offenbarung belehrt hatte, begab er sich mit zwei Gefährten auf Antrieb des Heiligen Geistes auf einen Berg, wo er mit Wasser und Brot sich begnügte und die Regel unter Fasten so niederschreiben ließ, wie es ihm der Heilige Geist während des Gebetes eingab.

(Bonaventura, Das große Franziskusleben IV, 11)

43 Gründung des Dritten Ordens

Franziskus rief auch den Dritten Orden ins Leben, den man „Orden der Büßenden" nennt.
Durch seine feurigen Predigten begeistert, verpflichteten sich nämlich viele Zuhörer zu einem Leben der Buße nach der Art, wie sie ihnen Franziskus gewiesen hatte. Diese Lebensweise nannte der Diener Christi „Orden der Brüder von der Buße". Denn wie für alle, die nach dem Himmel streben, nur der gleiche Weg der Buße gilt, so umfaßte diese Lebensweise Priester und Laien, Jungfrauen und Eheleute beiderlei Geschlechtes.

(Bonaventura, Predigten über Franziskus 2, 1 a/Das große Franziskusleben IV, 6)

Ŝ PAVPTAS·

IN HON· B· P· FRANCISCI SVPRA PRAESEPE ALT· CONSTR·

44 Franziskus feiert in Greccio Weihnachten

45 Die Weihnachtshöhle in Greccio

Drei Jahre vor seinem Heimgang beschloß Franziskus, in Greccio den Tag der Geburt unseres Herrn Jesus Christus zu begehen. Und er sagte zu einem Mann mit Namen Johannes, der in jener Gegend lebte: „Wenn du wünschst, daß wir bei Greccio das bevorstehende Fest des Herrn feiern, so gehe eilends hin und richte sorgfältig her, was ich dir sage. Ich möchte nämlich das Gedächtnis an jenes Kind begehen, das in Bethlehem geboren wurde, und ich möchte die bittere Not, die es schon als kleines Kind zu leiden hatte, wie es in eine Krippe gelegt, an der Ochs und Esel standen, und wie es auf Heu gebettet wurde, so greifbar wie möglich mit leiblichen Augen schauen."

Es nahte aber der Tag der Freude, und aus Greccio wird gleichsam ein neues Bethlehem. Die Leute eilen herbei und werden bei dem neuen Geheimnis mit neuer Freude erfüllt. Der Wald erschallt von den Stimmen, und die Felsen hallen wieder von dem Jubel.

Dann legt Franziskus, der Heilige Gottes, die Levitengewänder an und singt mit wohlklingender Stimme das heilige Evangelium. Danach predigt er dem umstehenden Volk von der Geburt des armen Königs.

(Thomas von Celano, Lebensbeschreibung XXX, 84–86)

46 Weinreben bei Greccio

47 Franziskus predigt den Vögeln

Einmal wanderte Franziskus zu einem in der Nähe von Bevagna gelegenen Ort. Dort war eine überaus große Schar von Vögeln verschiedener Art versammelt, Tauben, kleine Krähen und andere, die vom Volk Dohlen genannt werden. Als Franziskus sie erblickte, ließ er seine Gefährten zurück und lief rasch auf die Vögel zu; denn er war ein Mensch mit einem überschäumenden Herzen, das sogar den unvernünftigen Geschöpfen innige Liebe entgegenbrachte. Als er nun schon ziemlich nahe bei den Vögeln war und sah, daß sie ihn erwarteten, grüßte er sie in gewohnter Art mit dem Friedensgruß. Er staunte aber nicht wenig darüber, daß die Vögel nicht wie gewöhnlich auf- und davonflogen. Darüber erfüllte ihn große Freude, und er bat sie demütig, sie sollten doch das Wort Gottes hören. Und unter anderem sagte er zu den Vögeln: „Meine Brüder Vögel, gar sehr müßt ihr den Schöpfer loben und ihn lieben. Denn er hat euch Gefieder zum Gewand, Fittiche zum Flug und was immer ihr nötig habt, gegeben. Gott läßt euch in der reinen Luft leben; weder säet noch erntet ihr, und doch schützt und leitet er euch, ohne daß ihr euch um etwas zu kümmern braucht. Bei diesen Worten jubelten die Vögel und sie fingen an, wie die zuschauenden Brüder berichteten, die Hälse zu strecken, die Flügel auszubreiten, die Schnäbel zu öffnen und auf Franziskus zu blicken. Er aber wandelte in ihrer Mitte auf und ab, wobei sein Gewand ihnen über Köpfe und Körper streifte. Schließlich segnete er sie mit dem Kreuzzeichen und gab ihnen die Erlaubnis, fortzufliegen.

Franziskus wanderte freudigen Herzens mit seinen Gefährten weiter. Und da er durch die Gnade einfältig und demütig war, begann er, sich der Nachlässigkeit zu bezichtigen, weil er nicht schon früher den Vögeln gepredigt habe, die mit so großer Ehrfurcht das Wort Gottes anhörten. Und so geschah es, daß Franziskus von jenem Tage an alle Lebewesen eifrig ermahnte, ihren Schöpfer zu loben und zu lieben.

(Thomas von Celano, Lebensbeschreibung XXI, 58)

48 Landschaft bei Bevagna

Prophet aus der Kraft des Lebens Jesu

49 Franziskus predigt vor Papst Honorius III.

Als Franziskus einmal vor dem Papst und den Kardinälen predigen sollte, hatte er auf Rat des Bischofs Hugolin von Ostia mit viel Mühe eine schöne Predigt ausgearbeitet und sie auswendig gelernt. Als er dann aber vor die Versammlung der Kirchenfürsten trat, um sie durch seine Predigt zu erbauen, hatte er alles vergessen, so daß er kein Wort hervorbringen konnte. Das gestand Franziskus den Herren offen ein und rief dann die Gnade des Heiligen Geistes an. Und plötzlich strömten aus seinem Munde so machtvolle Worte, daß er die Gemüter der erlauchten Herren zur Einkehr bewegen konnte und allen Hörern klar war, hier rede nicht er, sondern der Geist des Herrn.

(Bonaventura, Das große Franziskusleben XII, 7)

50 Blick auf Celano

51 Franziskus sagt einem Edelmann von Celano den Tod voraus

Als Franziskus ein anderes Mal zur Predigt nach Celano kam, lud ihn ein Ritter zum Mahle ein. Ehe sie zu essen begannen, brachte Franziskus, wie er es gewohnt war, sein Gebet und Lob Gott dar. Nach dem Gebet rief er liebevoll seinen Gastgeber beiseite und sagte zu ihm: „Bruder Gastgeber, auf deine Bitten bin ich in dein Haus gekommen, um dort zu speisen. Folge du nun sogleich meiner Mahnung, denn du wirst nicht hier, sondern anderswo speisen. Bekenne in aufrichtigem Reueschmerz deine Sünden. Noch heute wird nämlich der Herr dir vergelten, weil du seine Armen aufgenommen hast." Sogleich gehorchte der Ritter, er bestellte sein Haus und bereitete sich, so gut er konnte, auf den Tod vor. Schließlich gingen alle zu Tisch. Während die übrigen zu essen begannen, hauchte der Gastgeber unerwartet seine Seele aus und starb eines plötzlichen Todes, wie es Franziskus vorausgesagt hatte. Dank seiner Gastfreundschaft empfing er den Lohn des Propheten. Denn auf dessen Mahnung hin hatte der fromme Ritter sich auf seinen Tod vorbereitet; mit der Rüstung der Reue geschützt, entging er der ewigen Verdammnis und konnte einziehen in die Wohnungen des Himmels.

(Bonaventura, Das große Franziskusleben XI, 4)

52 Franziskus läßt für einen Durstigen Wasser aus dem Felsen sprudeln

Einmal wollte sich Franziskus zur Einsiedelei Alverna begeben, um dort ungestört der Beschauung zu leben. Da er sich schwach fühlte, ritt er auf dem Esel eines armen Mannes. Dieser war von brennendem Durst völlig erschöpft und rief: „Ich sterbe vor Durst, wenn mich nicht bald jemand mit einem Trunk stärken kann." Da sprang Franziskus von seinem Esel, kniete sich auf die Erde nieder, streckte seine Hände zum Himmel und hörte nicht eher mit Beten auf, bis er sich erhört wußte. Dann sprach er zu dem Mann: „Lauf zu jenen Felsen. Dort findest du die Quelle, die Christus in seiner Barmherzigkeit zu dieser Stunde für dich entspringen ließ." Und der durstige Mann trank das Wasser, das durch die Kraft des Gebetes aus dem Felsen hervorsprang. Früher floß dort kein Wasser, und nachher war trotz sorgfältigen Suchens dort kein Wasser mehr zu finden.

(Bonaventura, Das große Franziskusleben VII, 12)

53 Der Berg Alverna

54 Höhle des Franziskus auf dem Berg Alverna

55 Franziskus empfängt die Wundmale des Herrn

Zwei Jahre, bevor Franziskus seine Seele dem Himmel zurückgab, weilte er in der Einsiedelei Alverna. Nach seiner Gewohnheit begann er hier eine vierzigtägige Fastenzeit. Als er nun eines Morgens um das Fest der Kreuzerhöhung am Bergeshang betete, da sah er in einem Gottesgesicht einen Mann über sich schweben, einem Seraph ähnlich, der sechs Flügel hatte und mit ausgespannten Händen und aneinandergelegten Füßen ans Kreuz geheftet war. Zwei Flügel erhoben sich über seinem Haupt, zwei waren zum Fluge ausgestreckt und zwei endlich verhüllten den ganzen Körper. Als Franziskus dies schaute, wurde er von Staunen erfüllt, große Wonne durchdrang ihn und noch tiefere Freude erfaßte ihn über den gütigen und gnadenvollen Blick, mit dem er sich von dem Seraph betrachtet sah, dessen Schönheit unbeschreiblich war. Doch das Hängen am Kreuz und die Bitterkeit seines Leidens erfüllten Franziskus mit Entsetzen. Und so erhob er sich, sozusagen traurig und freudig zugleich, und Wonne und Betrübnis wechselten in ihm miteinander.
Während sich Franziskus verstandesmäßig über dieses Gottesgesicht nicht klar werden konnte und das Neuartige an ihm stark sein Herz beschäftigte, begannen an seinen Händen und Füßen die Male der Nägel sichtbar zu werden in derselben Weise, wie er es kurz zuvor an dem gekreuzigten Mann über sich gesehen hatte. Ferner war die rechte Seite wie mit einer Lanze durchbohrt und zeigte eine vernarbte Wunde, aus der häufig Blut floß, so daß sein Gewand und seine Hose oftmals mit heiligem Blut getränkt wurden.

(Thomas von Celano, Lebensbeschreibung, 2. Buch III, 94–95)

56 Felsen beim Eingang zur Höhle des Franziskus

57 Franziskus erscheint den Brüdern auf dem Kapitel von Arles

Franziskus konnte an den Provinzkapiteln seines Ordens zwar nicht persönlich teilnehmen, doch war er im Geiste durch seine Hirtensorge, sein inständiges Beten und seinen wirksamen Segen zugegen. Und zuweilen erschien er dank der Wunderkraft Gottes auch sichtbar den Brüdern.
So predigte einmal der ausgezeichnete Prediger Antonius von Padua auf dem Kapitel zu Arles für die Brüder über die Aufschrift des Kreuzes: „Jesus von Nazareth, König der Juden." Als während der Predigt ein Bruder namens Monald auf Gottes Geheiß zur Tür des Saales schaute, sah er mit seinen leiblichen Augen, wie Franziskus, in der Luft schwebend, mit ausgebreiteten Händen die Brüder segnete.

(Bonaventura, Das große Franziskusleben IV, 10)

58 Das Gärtchen der Klara in S. Damiano, wo der Sonnengesang entstand

59 Christus als Herr des Kosmos in der Sonnen-Mandorla

Gelobt seist Du, mein Herr, samt allen Deinen Werken,
Doch in besonderem Maße durch Schwester Sonne...

(Sonnengesang des Franziskus)

Um sich aber durch alle Dinge aufrufen zu lassen, jubelte Franziskus über alle Werke, die der Herr geschaffen, und von diesen Spiegelbildern seiner Schönheit erhob er sich in seinem Lobgesang zu Gott, dem lebenspendenden Quellgrund. In allem Schönen sah Franziskus zugleich den Schönsten; und er benutzte alles Geschaffene als Leiter, auf der er emporsteigen und den umfassen konnte, der ganz liebenswert ist. Als ob er in dem Zusammenspiel der Kräfte und Handlungen, die Gott ihnen verliehen, eine himmlische Melodie vernommen hätte, ermahnte Franziskus sie in Liebe zum Lobe des Herrn.

(Bonaventura, Das große Franziskusleben IX, 1)

60 *Franziskus im Gebet verzückt*

Franziskus, der wohl wußte, daß er dem Leibe nach noch fern vom Herrn war, betete ohne Unterlaß und suchte seinen Geist in Gottes Gegenwart zu erhalten.
Oft war er von den Wonnen der Beschauung und Gebetsversenkung so hingerissen, daß er nicht merkte, was um ihn vorging.
So beobachteten die Brüder einmal, wie Franziskus in der Nacht betete, wobei er die Hände in Kreuzesform ausbreitete. Sein ganzer Körper war über die Erde erhoben und von einer hellen Wolke umgeben. Der strahlende Glanz seines Leibes bezeugte dabei die wundersame Erleuchtung seines Geistes.

(Bonaventura, Das große Franziskusleben X, 1–4)

Tod und Verklärung

61 *Blick auf Assisi*

Zwei Jahre nach dem Empfang der heiligen Wundmale, zwanzig Jahre nach seiner Bekehrung, erlitt Franziskus durch viele Krankheiten Heimsuchungen und Prüfungen. Wie einen Stein, der für den Bau des himmlischen Jerusalem verwendet werden sollte, meißelten die Schläge der Krankheiten ihn zurecht, und wie einem Kunstwerk der Goldschmiede gaben ihm die Hammerschläge mannigfacher Bedrängnisse seine Vollendung.
Franziskus bat nun, man möge ihn von Assisi herabtragen nach Santa Maria zu Portiunkula, damit er dort, wo er einst den Geist der Gnade und seine Berufung empfangen hatte, auch den Odem des Lebens dem Schöpfer zurückgebe.

(Bonaventura, Das große Franziskusleben XIV, 3)

·GLORIOS· FRANCISC·

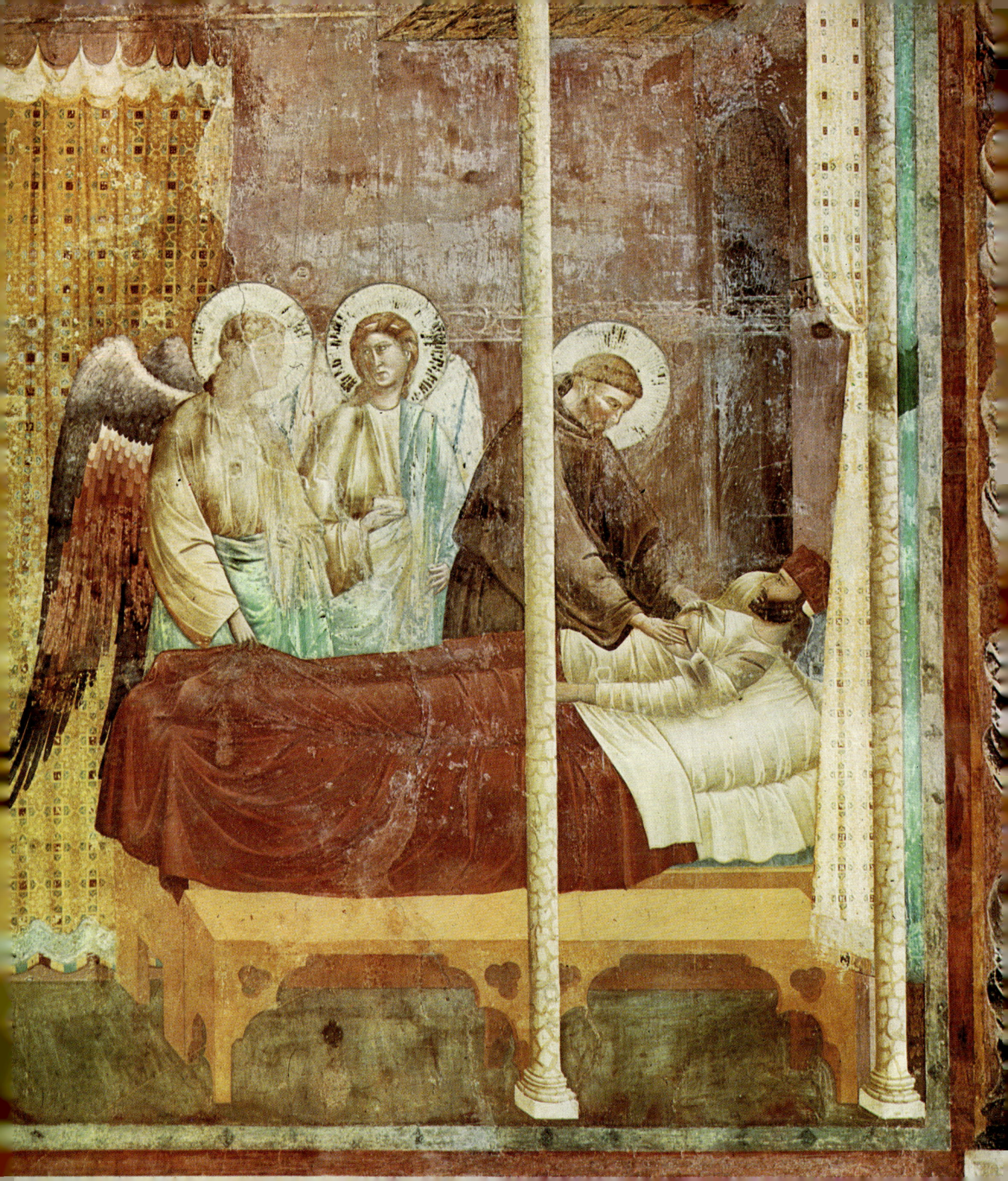

62 Der Tod des Franziskus

Als Franziskus nun erkannte, daß die Stunde seines Todes nahe bevorstehe, rief er zwei Brüder und hieß sie wegen des nahen Todes, oder vielmehr wegen des so nahe bevorstehenden Lebens, im Jubel des Geistes mit lauter Stimme dem Herrn die Lobpreisungen singen. Und so gut er konnte, sang Franziskus selbst den Psalm Davids: „Mit meiner Stimme rufe ich zum Herrn, mit meiner Stimme flehe ich zum Herrn."
Darauf ließ sich der Heilige auf ein Bußgewand legen und mit Asche bestreuen, da er ja bald zu Staub und Asche werden sollte.
Während nun viele Brüder herbeikamen, denen er Vater und Führer war, und ehrfürchtig ihn umstanden, und alle sein seliges Scheiden und glückliches Ende erwarteten, löste sich seine heilige Seele vom Leibe und wurde in dem grundlosen Meer des Lichtes verschlungen; der Leib aber entschlief im Herrn.

(Thomas von Celano, Lebensbeschreibung VIII, 109–110)

63 Der Sarkophag des Franziskus unter der Unterkirche von S. Francesco

Als im Jahre 1230 die Brüder zur Feier des Generalkapitels in Assisi versammelt waren, wurde am 25. Mai der gottgeweihte Leib des Franziskus in die zu seiner Ehre erbaute Basilika übertragen.

(Bonaventura, Das große Franziskusleben XV, 8)

64 Franziskus erscheint Papst Gregor IX. im Traum

Papst Gregor IX. – ihm hatte Franziskus einst prophezeit, er werde einmal zur päpstlichen Würde gelangen – hatte heimlich in seinem Herzen an der Seitenwunde des Heiligen gezweifelt, ehe er den Bannerträger des Kreuzes in das Verzeichnis der Heiligen aufnahm. Doch da, wie der selige Papst selbst unter Tränen berichtet hat, erschien ihm eines Nachts der selige Franziskus im Traume und tadelte ihn mit strenger Miene wegen des heimlichen Zweifels. Dann hob er den rechten Arm, zeigte ihm die Seitenwunde und verlangte vom Papst ein Glasgefäß, das das Blut, das aus der Seitenwunde floß, aufnehmen sollte. Im Traumgesicht sah dann der Papst, wie sich das Gefäß ganz mit dem aus der Seitenwunde rinnenden Blut füllte.

(Bonaventura, Wunder nach dem Tod des Franziskus I, 2)

65 Der heilige Franziskus in der himmlischen Glorie

Inzwischen findet eine feierliche Beratung über die Heiligsprechung des Franziskus statt, und in dieser Angelegenheit wird auch die Versammlung der Kardinäle öfters zusammengerufen. „Das überaus heiligmäße Leben des ganz heiligen Mannes", so sagen sie, „bedarf nicht der Bestätigung durch Wunder, denn wir haben es ja mit unseren eigenen Augen gesehen, sozusagen mit unseren Händen gegriffen und im Lichte der Wahrheit geprüft." Und schon bestimmt man den Tag, an dem die ganze Welt mit gnadenreicher Freude erfüllt werden soll.
Zuerst hält Papst Gregor dem ganzen Volk eine Predigt und verkündet mit Wärme und Innigkeit, mit klangvoller Stimme Gottes Lob und Preis. Auch den heiligen Vater Franziskus preist er in gar vortrefflicher Rede. Seine Predigt begann also: „Wie der Morgenstern inmitten von Gewölk und wie der Vollmond leuchtet zu seiner Zeit und wie die Sonne in ihrem Glanze, so leuchtet Franziskus im Tempel des Herrn."
Darauf erhebt der Heilige Vater seine Hände zum Himmel und ruft mit erhobener Stimme: „Zum Lobe und

Ruhme des allmächtigen Gottes ... bestimmen wir nach Anhören des Rates unserer Brüder und der anderen Würdenträger, daß der hochselige Vater Franziskus, den der Herr im Himmel verherrlicht hat, und den wir auf Erden verehren, in das Verzeichnis der Heiligen einzuschreiben sei ..."
So geschehen in der Stadt Assisi am 16. Juli, im zweiten Jahr des Pontifikates des Herrn Papstes Gregor IX.

(Thomas von Celano, Lebensbeschreibung III, 125–126)

66 Der heilige Franziskus befreit in Rom einen zu Unrecht eingekerkerten Mann

67 Die Trajanssäule zu Rom

Unter dem Pontifikat des Papstes Gregor IX. wurde in Rom ein Mann namens Petrus von Alife des Irrglaubens angeklagt und durch den Bischof von Tivoli in ein finsteres Verlies eingekerkert. Da rief der Mann unter vielen Gebeten und Tränen den seligen Franziskus an. Weil er aber in reinem Glauben lebte und mit der ganzen Liebe seines Herzens Franziskus, dem treuen Diener Christi, anhing, erlangte er um dessen Verdienste willen von Gott Erhörung. In der Nacht stieg der selige Vater voll Erbarmen in den Kerker hernieder. Als der Mann sah, wie plötzlich dank der Gegenwart des Heiligen die Fußfesseln zerbrachen, die Tore des Kerkers sich auftaten, weil sich die Schlüssel von selbst umdrehten, vermochte er vor Schrecken über die Befreiung doch nicht zu fliehen, sondern schreckte schreiend die Wärter auf. Als der Bischof aber den ganzen Hergang erfahren hatte, kam er zum Kerker und betete dort, weil sich Gottes Macht so sichtbar gezeigt hatte.

(Bonaventura, Wunder nach dem Tod des Franziskus V, 4)

68 Der heilige Franziskus heilt einen Mann aus Lérida

Bei Lérida in Katalonien lebte ein frommer Verehrer des seligen Franziskus mit Namen Johannes. Eines Abends sprang ihn aus dem Hinterhalt ein Mann an, der ihn für einen Feind hielt, und verwundete ihn mit Schwerthieben lebensgefährlich. Der erste Schwerthieb hatte nämlich fast die ganze Schulter mit den Armen vom Rumpf getrennt, ein anderer Schlag hatte seiner Brust eine so klaffende Wunde beigebracht, daß der Atem, der aus dieser Wunde entwich, etwa sechs zusammengebundene Kerzen ausgeblasen hätte. Nach dem Urteil der Ärzte schien eine Heilung unmöglich. Da rief jener Mann mit aller Andacht den heiligen Franziskus um Fürsprache an. Und siehe, da kam jemand im Gewand der Minderbrüder durchs Fenster zu ihm und sprach: „Weil du Vertrauen zu mir hattest, siehe, darum wird der Herr dich erretten." Dann trat Franziskus, denn er war es, an das Bett, löste die Verbände von den Wunden und salbte die Wunden, wie der Kranke glaubte, mit Salböl. Kaum spürte er, wie ihn die heiligen Hände, die durch die Wundmale des Erlösers heilende Kraft haben, leicht berührten, da wurde das Fleisch wieder gesund.

(Bonaventura, Wunder nach dem Tod des Franziskus I, 5)

69 Portal und Fensterrose der Oberkirche S. Francesco in Assisi

70 Blick auf Assisi

Von Gott gesegnet bist du, o Stadt; denn viele Seelen werden durch dich gerettet, in dir werden viele Diener des Allerhöchsten wohnen, und aus dir werden viele für das Himmelreich erwählt. Friede sei mit dir.

(Abschiedssegen des sterbenden Franziskus über seine Heimatstadt)

71 Die Verherrlichung des Franziskanerordens

Bildregister

1 BLICK AUF ASSISI. Die Geschichte der Stadt des Franziskus, die heute etwa 30 000 Einwohner zählt, reicht bis in die römische Zeit zurück, aus der sich ein Amphitheater und die Fassade eines Tempels (vgl. Nr. 7) erhalten haben. Die Stadt liegt in 424 m Höhe am Fuße des Monte Subasio (1290 m).

5 DAS RATHAUS VON PERUGIA (1293) läßt die Bedeutung dieser bis in etruskische Zeit nachweisbaren Stadt erkennen, die zur Zeit des Franziskus im Krieg mit Assisi lag. In diesem auch Palazzo dei Priori genannten Gebäude befindet sich auch die Nationalgalerie von Umbrien.

2 BLICK DURCH EINE GASSE VON ASSISI AUF DIE „STALLETA", den Stall, in dem Franziskus 1182 zwischen Ochs und Esel geboren sein soll, womit die Überlieferung die Angleichung des Franziskuslebens an das Leben Jesu unterstreicht. Heute befindet sich hier die Kapelle San Francesco il Piccolo.

6 EIN MANN HULDIGT DEM JUNGEN FRANZISKUS auf dem Marktplatz von Assisi. Fresko (1296–1300) von Giotto an der rechten Seitenwand der Oberkirche von S. Francesco. Durch die Darstellung des noch heute sichtbaren Minervatempels ist dieses Fresco eine der ältesten Veduten der italienischen Kunst. Das Bild gehört zu einem Zyklus von 28 Szenen aus dem Leben des Franziskus, der sich zu beiden Seiten des Langhauses hinzieht und teilweise von Schülern Giottos nach seinen Skizzen gemalt wurde. In Thematik und Anordnung stehen die Bilder in engem ikonographischen und heilsgeschichtlichen Zusammenhang mit den darüber liegenden Szenen des Alten und Neuen Testamentes.

3 SPIELLEUTE. Fresko (um 1320) von Simone Martini in der Martinskapelle der Unterkirche von S. Francesco zu Assisi. Der junge Franziskus schätzte die Art und den Lebensstil der Troubadoure. Später bezeichnete er sich und seine Gefährten als „Spielleute Gottes".

7 FASSADE DES RÖMISCHEN MINERVATEMPELS (1. Jh. v. Chr.) am Marktplatz von Assisi. Sie bildet den Eingang zur Kirche S. Maria sopra Minerva.

4 DIE „ROCCA MAGGIORE", die Festung oberhalb von Assisi. Im Jahre 1200 eroberten und zerstörten die Bürger Assisis diese Zwingburg der Stauferkaiser und riefen die Republik aus. Die heutige Burgruine stammt aus dem 14. Jahrhundert.

8 STRASSE BEI COLLESTRADA in der Nähe der Tiberbrücke San Giovanni. Hier geriet Franziskus 1202 in Gefangenschaft, als die Bürgerwehr der Republik Assisi von den Truppen der noch vom Adel regierten Nachbarstadt Perugia vernichtend geschlagen wurde.

9 BLICK AUF DIE STADT SPOLETO. Hier hatte Franziskus 1205, als er auf dem Weg zum Heer des päpstlichen Feldherrn Walter von Brienne war, eine Vision des Herrn, die seine Abkehr vom weltlichen Leben einleitete.

13 DAS KREUZ VON S. DAMIANO. Malerei des 12. Jh. in byzantinisch-römischem Stil auf Holz. Heute in der Basilika S. Chiara in Assisi.

10 FRANZISKUS GIBT SEINEN MANTEL EINEM ARMEN RITTER. Fresko von Giotto (vgl. Nr. 6).

14 BLICK AUF DEN DOM S. RUFINO in Assisi. In der 1140 begonnenen Kirche mit der schönen romanischen Fassade wurde Franziskus getauft. Der Dom ist dem Martyrerbischof Rufino († 239) geweiht, der das Christentum nach Assisi brachte.

11 BLICK AUF S. DAMIANO. Hier hatte Franziskus 1206, als er in der vom Zerfall bedrohten Kirche betete, die entscheidende Begegnung mit Christus, der ihn vom gemalten Kruzifix ansprach und aufforderte, sein Haus wiederaufzubauen.

15 FRANZ TRENNT SICH VON SEINEM VATER. Fresko von Benozzo Gozzoli (1420–1497) in der Kirche (heute Museum) S. Francesco in Montefalco. Die Stadt wird wegen der herrlichen Lage der „Balkon Umbriens" genannt. Die Begebenheit ereignete sich vor dem Bischofspalast von Assisi in der Nähe von Rufino (vgl. Nr. 14) etwa 1206.

12 FRANZISKUS BETET VOR DEM KREUZ VON S. DAMIANO. Fresko von Giotto (vgl. Nr. 6).

16 RUINE EINER ROMANISCHEN KAPELLE in der Nähe von Spello. Ähnlich zerfallen dürften auch die Kapelle Portiunkula und die anderen Kirchen gewesen sein, die Franziskus nach dem Erlebnis in S. Damiano restaurierte.

17 Die Kapelle S. Maria degli Angeli, genannt Portiunkula, gehörte ursprünglich zum Benediktinerkloster auf dem Monte Subasio. Franziskus fühlte sich von diesem einsamen Ort angezogen, restaurierte 1207 die Kirche und erhielt hier am 24. Februar 1209 seinen Auftrag, das Evangelium zu verkünden. Heute erhebt sich über der Portiunkula, dem Mittelpunkt der franziskanischen Welt, die dreischiffige barocke Basilika S. Maria degli Angeli, die von 1569–1679 nach Plänen des Architekten G. Alessi aus Perugia errichtet wurde (etwa 4 km von Assisi entfernt).

21 Blick auf die Stadt Trevi. An diesem Ort zog Franziskus mit seinen ersten 11 Gefährten auf seinem Weg nach Rom 1210 vorbei. Die Anlage auf einem Berg ist typisch für die häufig auf etruskischen Siedlungen errichteten Städte Umbriens.

18 Franziskus pflegt einen Lahmen. Ausschnitt aus dem Franziskus-Tafelbild von Bonaventura Berlinghieri (um 1235–1274) in der Kirche S. Francesco zu Pescia. Die Tafel zählt zu den frühesten Darstellungen des Franziskus und seines Lebens.

22 Traum des Papstes Innozenz III., der einen Mann (Franziskus) eine vom Einsturz bedrohte Kirche aufrichten und stützen sieht. Fresko von B. Gozzoli (vgl. Nr. 15).

19 Predigende Franziskaner. Tafelbild von B. Berlinghieri (vgl. Nr. 18).

23 Papst Innozenz III. segnet nach seinem Traum, in dem er die Bedeutung des Franziskus und seiner jungen Gemeinschaft erkennt, den Vorkämpfer der Armut und bestätigt seine Regel und seinen neuen Orden. Fresko von B. Gozzoli (vgl. Nr. 15).

20 Glockenstuhl der 1166 erbauten kleinen romanischen Kirche S. Stefano in Assisi. Der Legende nach soll die birnenförmige Glocke die Todesstunde des Franziskus eingeläutet haben, ohne daß ein Mensch das Glockenseil gezogen hat.

24 Gasse in Assisi mit Häusern aus der Zeit des Franziskus.

25 DIE HEILIGE KLARA. Fresko von Simone Martini (1284–1344) im rechten Querschiff der Unterkirche von S. Francesco. Klara, die 1194 in Assisi geborene Tochter des Edelmannes Favarone di Offreduccio, wurde die Mutter der „Armen Frauen", des zweiten Ordens, den Franziskus gründete.

29 TURM DER BASILIKA S. CHIARA ZU ASSISI. Die von 1257–60 an der Stelle der alten Kirche S. Giorgio (wo der Leib des Franziskus bis zur Überführung nach S. Francesco bestattet war) errichtete Kirche mit dem angrenzenden Kloster ist seit 1260 Mittelpunkt des Ordens der hl. Klara, deren Gebeine in der Krypta ruhen.

26 EINKLEIDUNG DER KLARA. Ausschnitt aus einem Klara-Tafelbild (vgl. Nr. 28). Nach ihrer Flucht aus dem Elternhaus, das sich Klaras Wunsch nach einem klösterlichen Leben widersetzte, wurde sie 1212 von Franziskus in der Portiunkula-Kapelle als erste Klarissin eingekleidet.

30 FRANZISKUS SCHAFFT FRIEDEN IN AREZZO (1217), in dem er durch Bruder Silvester die Teufel, die einen Bürgerkrieg angezettelt hatten, austreiben läßt. Fresko von Giotto (vgl. Nr. 6).

27 REFEKTORIUM IN S. DAMIANO. Von 1212–1260 war S. Damiano das Mutterkloster des Klarissenordens. In dem gewölbten Speisesaal, in dem 1228 auch Papst Gregor IX. Gast der Armen Frauen war, bezeichnet bis heute ein Blumenstrauß den Platz der hl. Klara.

31 BLICK AUF AREZZO. In der Bildmitte der fünfgeschossige Turm (1330) der romanischen Kirche (12. Jh.) Pieve di S. Maria, deren dreigeschossige Arkadenfassade bemerkenswert ist.

28 TAFELBILD DER HL. KLARA; entstanden um 1283, dem Florentiner Maler Cimabue (Schaffenszeit 1272–1302) zugeschrieben. Heute im Querschiff der Kirche S. Chiara zu Assisi. Die Szenen aus dem Leben der Heiligen zeigen (von links unten nach rechts unten): Klara empfängt vom Bischof von Assisi den Palmzweig – Flucht zu Franziskus – Einkleidung in Portiunkula – Klara klammert sich an den Altar und widersteht ihren Verwandten – Klara hilft ihrer Schwester Agnes bei der Flucht ins Kloster – Das Armutsleben in S. Damiano – Erscheinung Marias am Sterbebett der Klara (1253) – Begräbnis der Heiligen durch Papst Innozenz IV.

32 FRANZISKUS UND DOMINIKUS. Fresko von B. Gozzoli (vgl. Nr. 15). Die Begegnung der beiden Ordensgründer fand wahrscheinlich 1215 während des Laterankonzils statt.

33 DIE ISOLA MAGGIORE IM TRASIMENISCHEN SEE. Der Überlieferung nach hielt sich Franziskus vor dem Osterfest des Jahres 1219 auf dieser Insel 40 Tage lang auf, ohne Nahrung zu sich zu nehmen.

37 BILDNIS DES FRANZISKUS. Fresko von Cimabue (um 1278) im rechten Querschiff der Unterkirche von S. Francesco in Assisi.

34 BLICK AUF DIE EINSIEDELEI CARCERI im Steineichenwald des Monte Subasio. Franziskus suchte die Einsamkeit dieses Ortes wiederholt auf, wenn er nach seinen Predigtfahrten durch das Land „sein Sinnen ganz auf Gott richten" wollte. Hier schrieb er vielleicht auch 1221 eine Fassung seiner Regel nieder. Die heutige Anlage wurde im 15. Jh. durch den hl. Bernhardin von Siena in Erweiterung des alten Marien-Oratoriums der Benediktiner vom Monte Subasio errichtet.

38 DIE MEERFAHRT DES FRANZISKUS. Von Ancona aus brach Franziskus 1219 zu einer Missionsreise nach Ägypten und ins Heilige Land auf, das durch die Ritter des 5. Kreuzzugs eben erobert worden war. Die Bildmontage zeigt das Meer bei Ancona mit einem Tafelbild „Franziskus auf einem Schiff" von B. Berlinghieri, das wohl die erste Ausfahrt des Heiligen zu einer Missionsreise schildert, bei der ein Sturm zum Abbruch der Fahrt zwang. Die Tafel befindet sich in den Uffizien zu Florenz.

35 HÖHLE des Bruders Matteo bei der Einsiedelei Carceri. In solchen aus dem Fels gewaschenen Höhlen lebten Franz und seine Brüder als Einsiedler in strengster Armut.

39 FRANZISKUS BEWEIST VOR DEM SULTAN von Ägypten die Kraft seines Glaubens, als er muselmanische Priester vergeblich zu einer Feuerprobe herausfordert. Fresko von Giotto (vgl. Nr. 6).

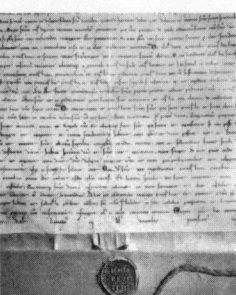

36 BULLE PAPST HONORIUS' III., in der 1223 die Regel des Franziskaner-Ordens bestätigt wird. Assisi, Schatzkammer von S. Francesco.

40 FRANZISKUS VERLOBT SICH DER ARMUT. Fresko (um 1320) am Gewölbe über dem Hauptaltar der Unterkirche von S. Francesco in Assisi. Als Schöpfer gilt ein „Maestro delle Vele" genannter Schüler Giottos.

41 LANDSCHAFT BEI POGGIO BUSTONE mit Blick auf das Tal von Rieti.

45 DIE HÖHLE VON GRECCIO am Hang der Sabinerberge, wo Franziskus die Tradition der Weihnachtskrippe begründete.

42 HÖHLE DES FRANZISKUS beim Kloster Fonte Colombo in der Nähe von Rieti, wo der Ordensgründer 1223 die zweite, endgültige Fassung seiner Regel niederschrieb.

46 WEINREBEN in der Nähe des franziskanischen Heiligtums von Greccio.

43 GRÜNDUNG DES DRITTEN ORDENS, der für Laien bestimmt war, durch Franziskus, der den Kaufmann Luchesius aus Poggibonsi und dessen Frau als erste Tertiarier aufnimmt (um 1221). Tafelbild von B. Berlinghieri (vgl. Nr. 18).

47 FRANZISKUS PREDIGT DEN VÖGELN. Fresko (um 1236) an der Seitenwand der Unterkirche von S. Francesco zu Assisi. Dieses und andere Franziskusbilder im Langhaus der Unterkirche werden einem „Maestro di S. Francesco" genannten Maler aus dem Kreis um Giunta Pisano (um 1202–1255) zugeschrieben.

44 FRANZISKUS FEIERT IN GRECCIO 1223 DAS WEIHNACHTSFEST, wobei er zum ersten Mal eine Krippe aufstellen läßt. Ausschnit aus einem Fresko von Giotto (vgl. Nr. 6).

48 UMBRISCHE LANDSCHAFT BEI BEVAGNA. In dieser Gegend soll Franziskus nach der Überlieferung den Vögeln gepredigt haben.

49 FRANZISKUS PREDIGT VOR PAPST HONORIUS III. Fresko von Giotto (vgl. Nr. 6). Es könnte sich bei dieser Szene um die Begegnung des Jahres 1220 handeln, bei der Franziskus sich vom Papst den Kardinal Hugolin (den späteren Papst Gregor IX.) als Protektor des Ordens erbittet.

53 DER BERG ALVERNA, wo Franziskus 1224 die Wundmale empfing. Der Berg wurde dem Heiligen schon 1213 vom Grafen Orlando di Chiusi geschenkt und von Franziskus wegen der einsamen Lage als Ort der Einkehr und des Gebetes sehr geschätzt. Heute befindet sich auf dem Berg ein weitläufiger im 15. Jh. begonnener Klosterbau.

50 BLICK AUF CELANO. Die Heimatstadt des Thomas von Celano (um 1190 – um 1260), des ersten Biographen des Franziskus, wird heute beherrscht von einer Festung aus dem 15. Jh.

54 HÖHLE AUF DEM BERG ALVERNA. Ein Eisenrost bezeichnet die Stelle, wo sich nach der Überlieferung das Lager des Franziskus befunden haben soll.

51 FRANZISKUS SAGT EINEM EDELMANN AUS CELANO den nahen Tod voraus. Fresko von Giotto (vgl. Nr. 6).

55 FRANZISKUS EMPFÄNGT DIE WUNDMALE DES HERRN (am 17. September 1224). Fresko (um 1320) von Pietro Lorenzetti an der Stirnwand des linken Querschiffs der Unterkirche von S. Francesco zu Assisi.

52 FRANZISKUS LÄSST FÜR EINEN MANN, der ihn begleitet und großen Durst hat, aus einem Felsen eine Quelle sprudeln. Fresko von Giotto (vgl. Nr. 6).

56 FELSFORMATION bei dem Eingang zur Höhle mit dem Bett des Franziskus auf dem Berg Alverna.

57 FRANZISKUS ERSCHEINT den Brüdern auf dem Provinzkapitel zu Arles (1224) während einer Predigt des hl. Antonius von Padua. Fresko von Giotto (vgl. Nr. 6).

61 BLICK AUF ASSISI. Von dieser Stelle segnete Franziskus seine Vaterstadt, als er sich am 1. Oktober 1226 sterbend vom Bischofspalast nach Portiunkula tragen ließ.

58 DAS GÄRTCHEN DER KLARA im Kloster S. Damiano. Hier entstand 1225 der „Sonnengesang" des Franziskus, den der schwer erkrankte Heilige als Loblied Gottes und seiner Schöpfung verfaßte; die Strophe an den „Bruder Tod" schrieb Franziskus hier im Wissen um sein nahes Ende.

62 DER TOD DES FRANZISKUS. Fresko an der Langhauswand der Unterkirche von S. Francesco zu Assisi (vgl. Nr. 47).

59 CHRISTUS ALS HERR DES KOSMOS thronend in der Sonnen-Mandorla. Relief (12. Jh.) an der Fassade des Doms S. Rufino in Assisi.

63 DER SARKOPHAG DES FRANZISKUS in der Krypta unter der Unterkirche von S. Francesco. Die sterblichen Überreste des Heiligen wurden am 25. Mai 1230 unter dem Vierungsaltar der Unterkirche von S. Francesco beigesetzt. Erst 1818 wurde der Sarkophag freigelegt und 1824 die Krypta angelegt, die 1932 ihre heutige Form erhielt.

60 FRANZISKUS WIRD VON BRÜDERN BEOBACHTET, wie er im Gebet verzückt vom Boden aufschwebt. Fresko von Giotto (vgl. Nr. 6).

64 FRANZISKUS ERSCHEINT DEM SCHLAFENDEN PAPST GREGOR IX. und überzeugt ihn von der Echtheit seiner Wundmale. Fresko von Giotto (vgl. Nr. 6). Dieses Wunder dürfte sich kurz vor der Heiligsprechung ereignet haben, die der Papst am 16. Juli 1228 verkündete.

65 DER HL. FRANZISKUS IN DER HIMMLISCHEN GLORIE. Fresko am Gewölbe über dem Hochaltar der Unterkirche von S. Francesco zu Assisi (vgl. Nr. 40).

69 PORTAL UND ROSETTE DER OBERKIRCHE von S. Francesco zu Assisi. Mit dem Bau dieser Grabkirche des Franziskus wurde gleich nach dem Tod des Heiligen begonnen. 1230 dürfte die Unterkirche vollendet gewesen sein. Die Oberkirche, einer der schönsten Bauten italienischer Gotik, wurde 1253 feierlich geweiht.

66 DER HL. FRANZISKUS BEFREIT IN ROM den zu Unrecht wegen Irrglaubens eingekerkerten Petrus von Alife. Fresko von Giotto (vgl. Nr. 6). Auch auf diesem Bild hat der Maler ähnlich wie im Bild 6 durch die Darstellung der Trajanssäule eine klare Angabe über den Ort des Geschehens gegeben.

70 BLICK AUF ASSISI. Links die Anlage von Kirche und Kloster S. Francesco. Der von mächtigen Stützmauern getragene „Sacro Convento" erhielt seine heutige Gestalt unter Papst Sixtus IV. (1471–1481).

67 DIE TRAJANSSÄULE auf dem Trajansforum in Rom. Die 113 n. Chr. errichtete 29 m hohe Säule zeigt Reliefszenen aus dem siegreichen Krieg des Kaisers gegen die Daker.

68 DER HL. FRANZISKUS HEILT IN SPANIEN einen Mann aus der Stadt Lérida, der ihn fromm verehrte, von einer tödlichen Wunde. Fresko von Giotto (vgl. Nr. 6).

71 DIE VERHERRLICHUNG DES FRANZISKUS UND SEINES ORDENS. Flämischer Gobelin, 1479 von Papst Sixtus IV. dem Kloster S. Francesco zu Assisi gestiftet, heute an der Stirnwand der Papstaula des Sacro Convento. Die nach Art eines Lebensbaums (Arbor Francescana) angeordnete Darstellung zeigt hervorragende Persönlichkeiten, die aus dem Orden des hl. Franziskus hervorgingen (u. a. drei Päpste, die hl. Elisabeth von Thüringen, Antonius von Padua, Bonaventura, Klara).

Alle Farbaufnahmen dieses Bandes entstanden mit einer SINAR P Kamera 4/5''

Bücher für Kunstfreunde und Italienreisende

Filippo Coarelli

Rom

*Ein archäologischer Führer
Aus dem Italienischen von
Dr. Agnes Allroggen-Bedel.
15,2 × 24 cm, 360 S. mit
58 Farbbildern, 217 Plänen,
Grundrissen und Skizzen,
gebunden. Best.-Nr. 17247*

Dieses neue Standardwerk über die Denkmäler des antiken Rom, über ihre Geschichte und städtebauliche Bedeutung ist nicht nur ein genau informierender Reiseführer, sondern auch ein lebendig geschriebenes und reich illustriertes Lesebuch. Dem Überblick über die Baugeschichte der Stadt von der Eisenzeit bis zum Niedergang Roms schließen sich drei Beiträge an über Roms öffentliche Bauten, die Monumentalzentren und die Stadtviertel nach der augusteischen Einteilung. Im Anhang findet der Benutzer die wichtigsten technischen Begriffe, eine ausführliche Bibliographie und ein Register.

Werner Bergengruen / Erich Lessing

Römisches Erinnerungsbuch

*26 × 29,5 cm, 184 S. mit 40 z. T.
doppelseitigen Farbbildern von
Erich Lessing und 57 Stichen von
G. B. Piranesi, Leinen mit
vierfarbigem Schutzumschlag und
Schuber. Best.-Nr. 13475*

Dieses Rombuch vereinigt in sich drei Kostbarkeiten: den Text von Werner Bergengruen, die Farbbilder des Magnum-Fotografen Erich Lessing und die Stiche von Giovanni B. Piranesi. Eine solche Synthese von mehreren Medien und Perspektiven erweist sich gerade für ein Rombuch als angemessen. Das Rombuch Werner Bergengruens wurde schon bald nach seinem ersten Erscheinen wegen seiner dichterischen Kraft, mit der es die einzigartige Atmosphäre der ewig jungen Stadt in ihrer Verbindung von Antike und Christentum einfängt, zu einem Begriff.

Die Kunstschätze des Vatikans

*Architektur, Plastik, Malerei
Herausgegeben von Professor
D. Redig de Campos; unter
Mitarbeit zahlreicher Historiker,
Archäologen und Kunsthistoriker.
25,5 × 30 cm, 400 S. mit
410 Farbabbildungen auf 256 S.
Kunstdruck, Leinen mit vier-
farbigem Schutzumschlag und
Schuber. Best.-Nr. 16884*

„Die Kunstschätze des Vatikans müssen betrachtet und nicht nur einmal beim Durchblättern überflogen werden. Die Bildqualität und vor allem die Bildauswahl sind durchweg gut bis hervorragend, die Texte, verfaßt von Vatikan-Kennern, lohnen die Lektüre. Sie sind abgewogen, also nicht pauschal lobhudelnd, wie das bei derartigen Büchern allzu oft der Fall ist, und informationsreich. Für alle Vatikan-Besucher, die auch schon einmal von der Fülle des Gebotenen verwirrt worden sind, ist von besonders großem Interesse, daß es dem Herausgeber (er ist Generaldirektor der vatikanischen Museen) gelungen ist, der Verwirrung durch eine ganz klare Gliederung wirksam zu begegnen ..."

Deutsches Ärzteblatt, Köln

Maurizio Fagiolo dell'Arco (Hrsg.)

Petersdom und Vatikan

Aus dem Italienischen von Thomas Münster. 24,5 × 28 cm, 280 S. mit 200 Farbbildern und über 200 Schwarzweißbildern, Grundrissen und Plänen, gebunden. Best.-Nr. 19954

„Ein überwältigendes Buch, das seinen Leser gefangennimmt von der ersten bis zur letzten Seite. Eine beeindruckende ‚Datenbank' von schönen Bildern, umfassendem Wissen und interessanten Fakten ... Wo Fülle ist, wird die Auswahl wichtig. Genau das ist hier erfolgt: Dem Betrachter entblättert sich eine umfangreiche Kunstwelt. Doch was wären solche Kunstwerke ohne den begleitenden Text. Auch hier erfüllt der Band alle Erwartungen."

Badisches Tagblatt, Baden-Baden

Bücher für die Freunde von Assisi

Gerhard Ruf OFMConv.

Das Grab des hl. Franziskus

Die Fresken der Unterkirche von Assisi

21 × 26,6 cm, 200 S. mit 73 Farbbildern sowie Schemazeichnungen und Schwarzweißbildern im Text, gebunden. Best.-Nr. 19355

Zum 800. Jahrestag der Geburt des hl. Franz legte Pater Gerhard Ruf, seit über 20 Jahren in Assisi tätig, diese Untersuchung über die Fresken der Unterkirche von S. Francesco in Assisi, der eigentlichen Grabeskirche des Heiligen, vor. P. Ruf weist überzeugend nach, daß das ganze Bildprogramm der Unterkirche auf einem einheitlichen theologischen Konzept beruht. Die „Christus-Ähnlichkeit" des hl. Franziskus spiegelt sich sowohl in den Architekturparallelen zur Grabeskirche in Jerusalem als auch im Bildschmuck wider. Die Schönheit der Fresken der Unterkirche enthüllt sich in den nach der gründlichen Restaurierung eigens für diesen Band aufgenommenen Farbbildern; die neuen Deutungen bieten überraschende Erkenntnisse, helfen diesen großen Heiligen besser zu verstehen.

Gerhard Ruf OFMConv.

Christ ist geboren

22 × 24 cm, 48 S. mit 20 vierfarbigen Fotos von G. Ruf und B. Humm, Pappband. Best.-Nr. 19719

In gleicher Ausstattung:

Christ ist erstanden

Best.-Nr. 19720

Diese beiden Bildbände über die ältesten in Italien erhaltenen Glasfenster (13. Jh.) stellen das linke Chorfenster, auch „Weihnachtsfenster" genannt, bzw. das rechte, auch „Passionsfenster" genannt, vor. Beide befinden sich in der Oberkirche von S. Francesco in Assisi. Ikonographisch stellen die zweibahnig angelegten Fenster durch die jeweilige Gegenüberstellung von Szenen aus dem Neuen und dem Alten Testament eine Besonderheit dar. Dem Gläubigen sollte damit verdeutlicht werden, daß im Alten Bund vieles vorgebildet war, das mit Christus überhöht und erfüllt wurde.

Alle Farbbilder sind eigens für die beiden Bände vom Autor aufgenommen worden und werden von ihm in ihrer typologischen Bedeutung erläutert. Zwei Bücher, in denen sich die ganze Schönheit mittelalterlicher Glasfensterkunst entfaltet.

Verlag Herder   Freiburg · Basel · Wien